W0089765

Robert Misik

HERRSCHAFT DER NIEDERTRACHT

Gedruckt nach der Richtlinie des
Österreichischen Umweltzeichens
„Druckerzeugnisse",
Christian Theiss GmbH, Nr. 869

MIX
Papier aus verantwor-
tungsvollen Quellen
FSC® C012536

FSC
www.fsc.org

Informationen über das aktuelle Programm
des Picus Verlags und Veranstaltungen unter
www.picus.at

Robert Misik

HERRSCHAFT DER NIEDERTRACHT

Warum wir so nicht regiert werden wollen!

Picus Verlag Wien

INHALT

EINLEITUNG

Diese Streitschrift berichtet über eine Form des Regierens, aber auch über ein Klima, das ihm vorausgeht. Ein Klima, das einen Stil des Regierens gebiert und das sich mit ihm zusammenbraut zur Herrschaft der Niedertracht. Sie beleuchtet eine Sprache der Verachtung, einen Jargon der Gehässigkeit, die der Politik der Rohheit vorausgehen, von dieser aber dann auch wieder radikalisiert werden. Sie berichtet davon, wie sich Schleusen öffnen, eine nach der anderen, wie sich viel zu viele damit abfinden, wie sich viele anbiedern. Sie berichtet davon, wie plötzlich normal wird, was jüngst noch undenkbar war. Ja, sie klagt an. Sie berichtet von Ideologen, von Demagogen und von prinzipienlosen Karrieristen. Sie berichtet von den Trumps, den Salvinis, den Straches, den Kurz, den Orbáns und wie sie alle heißen.

Sie berichtet über das Land, in dem ich lebe, das von dieser Verhärtung der Hirne, der Herzen und Seelen befallen ist, aber auch von anderen Ländern, die davon befallen sind, und von Ländern, die bedroht sind, davon befallen zu werden. Es ist ein Buch, das sich an meine Landsleute richtet, sie ermuntern will, zu sagen: So wollen wir nicht regiert werden! Aber es richtet sich auch an die Landsleute anderer Länder, denn hier könnt ihr sehen, was euch blüht, wenn ihr nichts tut.

1
KLIMAKATASTROPHE

Hetzen, aufhussen, die Dosis steigern.
Politik mit Gefühlen, aber mit miesen

Das Böse wird nicht sagen, ich bin das Böse,
sondern es wird sagen: Ich bin gegen die Hy-
permoral. Die Niedertracht wird das kalte Lä-
cheln der verfolgenden Unschuld aufsetzen. Die
Lüge wird sich als alternativer Fakt ausgeben, als
die verschwiegene Wahrheit, so wie der Wahn
behaupten wird, er sei die kühle Vernunft. Die
Gemeinheit tarnt sich als Notwehr, der Rechtsradikalismus als die Mitte. »Das, was ich heute
sage, hat vor zwei Jahren noch als rechtsradikal
gegolten«, sagt der junge Mann im Fernsehen,
der vor ein paar Jahren noch eine Willkommens-
kultur forderte und heute der feuchte Traum
von rechten Hasspredigern wie Steve Bannon
ist – und es fällt ihm nicht einmal auf, dass dieser Satz sehr viel über ihn aussagt und über die

Verschiebungen der Tonlage, die er selbst vorangetrieben hat. Na, da sind wir aber froh, will man ihm ins Wort fallen, dass der Rechtsradikalismus heute nicht mehr Rechtsradikalismus genannt wird. Und dass seine Protagonisten mit ihrem Sprachgift dafür sorgen, dass das Abnorme zum Normalen verdreht wird. Unter dem jungen Mann dient ein Vizekanzler, der in Interviews einfach behauptet, niemals ein Neonazi gewesen zu sein, obwohl seine Jugend in Neonazi-Gruppen mit Fotos dokumentiert ist und er mit einer solchen Gang sogar in polizeilichen Gewahrsam genommen wurde. Nun gut, dem Mann, den man auch in seinen Kreisen nachsagt, nicht gerade die hellste Kerze auf der Torte zu sein, mag man zutrauen, dass es ihm nicht einmal aufgefallen ist, dass die Leute, mit denen er durch den Wald robbte, Neonazis waren. Ist die volle, reine Wahrheit in hohen Staatsämtern seit jeher eine Tugend, die selten vorkommt, so haben die jetzigen Regierenden die Kunst der ungenierten Flunkerei doch erheblich vergröbert. Der Kanzler etwa behauptete, die Arbeiterkammern würden Demonstranten die Zugfahrt zu Protestaktionen bezahlen, nur wenige Tage später erklärte er, ein Redakteur der *Financial Times* habe sich dafür entschuldigt, seine Regierung »far right« genannt zu haben. Beides war nicht nur dreist erfunden, sondern blöde noch dazu, da die Schwindelei ja schnell aufflog.

Aber wir leben in einer Welt der Lüge von Orwell'schen Ausmaßen, weshalb sie die Wahrheit nicht fürchten müssen, da sie die Lüge nur selten und dann auch nur mit Mühe zu erhellen vermag. Sie machen die Lüge zur Wahrheit und die Wahrheit zur Lüge, den Hass zur Liebe, die Liebe zum Hass, sie verwandeln die Tugend in Laster, das Laster in Tugend, den Blödsinn in Verstand, den Verstand in Blödsinn. Mehr als ein Jahr ist es jetzt her, dass sie in Verantwortung gehievt wurden, oder, wie man mit Blick auf manche Verantwortungsträger auch sagen könnte, in Unverantwortung. Mit ihnen wurden wir einer Art des Regierens ausgesetzt, einer Art des Regierens, die ausgebrochen ist so wie Kriege ausbrechen. Da kann ja auch nie jemand etwas dafür. Die brechen aus. Eine Tragödie.

Also was ist da über uns gekommen? Einfach eine neue Regierung, die eben jetzt tut, was Regierungen zu tun pflegen, nämlich regieren? Die

Regierung regiert, die Opposition opponiert und kritisiert, die Zivilgesellschaft fordert – das wäre dann so in etwa das gewohnte Arrangement.

Wie die Amerikaner so einen verrückten Präsidenten wählen konnten, fragen sich die Kommentatoren und merken gar nicht, dass hier ein genauso verrücktes Wahlergebnis zustande kam. Wir haben eine Regierung aus einer rechtspopulistischen ÖVP und einer rechtsradikalen Partei, der FPÖ. Sie regieren in trauter Einigkeit, die Menschen mögen das, sagen uns die Meinungsforscher. Die Menschen mögen, dass eine Regierung nicht streitet, sagen sie, mit Blick auf frühere Regierungen, in denen die Koalitionäre einander belauerten und wechselseitig am Regieren hinderten, was kein schönes Bild abgab, aber wenigstens auch dafür sorgte, dass man einander wechselseitig am größten Unsinn hinderte.

Das ist nun nicht mehr der Fall. Man bremst sich nicht, man feuert sich an, stachelt sich auf, lizitiert sich hoch. Hand in Hand sind die Koalitionäre bei der Sache, und die einzige Konkurrenz, der einzige innere Streit dieser Regierung ist der Überbietungswettbewerb, der Überbietungswettbewerb darin, wer der schlimmere Finger, der autoritärere Typ, die fieseste Figur ist, wer wüster die Opposition attackiert, wer glaubwürdiger verkörpert, Ausländer zu sekkieren, Flüchtlinge abzuschrecken, Migranten zu quälen. Werden an einem Tag Lehrlinge von Rollkommandos aus der Lehrstelle weg in Schubhaft genommen, sind am nächsten Tag zehnjährige Mädchen an der Reihe, die aus dem Klassenzimmer geholt werden. All das nicht selten unter dem Banner der Abwehr eines radikalen Islamismus, von dem sich die Berufsparanoiden in Regierungsämtern verfolgt fühlen, dessen Zwilling sie aber in Wirklichkeit sind.

Jener Kanzler, der tagein, tagaus den Teufel der »Einwanderung ins Sozialsystem« an die Wand malt, Menschen »aus der sozialen Hängematte« werfen will, der über Hilfsorganisationen sagt, sie betrieben »NGO-Wahnsinn« und der die Caritas, die Organisation der Kirche mit zigtausend ehrenamtlichen Helfern, als linksradikalen Asylbusiness-Konzern hinstellt, der also eine permanente Rhetorik der Spaltung betreibt, dieser Klassenprimus der Diffamierung stellt sich dann hin und erklärt, die Opposition versuche »unsere Gesellschaft zu spalten«, und warum keiner der Bück- und Kniefallredakteure beim Interview fragt, ob er noch alle Sinne beisammen hat, weiß man nicht so recht. Die Protagonisten in Regierungsämtern: Virtuosen des politischen Meineids, Könner des affektierten Stillschweigens genauso wie des lauten Gekläffs, gemein, kleinlich, mal kalt herzlos menschenfeindlich, mal spöttisch-hetzerisch. Spricht aus dem Kanzler meist die Verachtung, die sich im Griff hat, der herzlose Karrierist, ja Bürokrat, ein Haider ohne Hetze hat ihn einmal einer seiner engen Vertrauten genannt (und das tatsächlich als Lob gemeint), dann aus seinen Koalitionären das Überschießende der sprachlichen Mordlust, der Spaß an der Hetzjagd, das Feixende von Spießgesellen, denen man die Freude an der eigenen Bösartigkeit von Weitem ansieht.

Wir können die einzelnen Maßnahmen der Regierung hier aufzählen, auf sie wird später genauer einzugehen sein, von Arbeitsmarktmaßnahmen, vom Kürzen der AMS-Budgets, von den Daumenschrauben für Menschen, die nach einem Arbeitsleben ihren Job verlieren, bis zu gestrichenen Deutschkursen. Wir können die Maßnahmen aufzählen, die sie gesetzt haben, oder jene, die sie verabredet haben, wie die Streichung der Notstandshilfe, die dafür sorgen wird, dass, wer länger als ein Jahr arbeitslos ist, gleich auch Auto, Häuschen und Lebensversicherung verliert.

Österreich heute:

Eine Köchin wird gekündigt, weil sie nicht zwölf Stunden arbeiten will.

Lehrlinge, die ihr Betrieb dringend braucht und die sich angestrengt haben, werden abgeschoben.

Die Polizei kontrolliert Burschen und schikaniert sie im Park, nur weil sie schwarz sind, und das Ganze wird nur deshalb zum Skandal, weil die Burschen besser Hochdeutsch sprechen als die Polizisten.

Den Kindern der Altenpflegerin wird die Familienbeihilfe gekürzt. Den Schweizer Managern wird sie erhöht. Den Arbeitslosen die Notstandshilfe gestrichen, dafür das Geld reichen Schönheitschirurgen zugeschanzt, die für ihre Privatsanatorien jetzt auch hübsche Summen aus der Krankenversicherung bekommen, die wir alle mit unseren Beiträgen bezahlen. Es wäre natürlich eine Verleumdung, würde man mutmaßen, dass

17

das mit den Freunderlnetzwerken der Schönheitschirurgen und mit etwaigen Wahlkampfspenden zu tun hat.

Der Neid regiert die Welt, aber Österreich regiert er auf noch rohere Art und Weise.

Denn wir werden dieser Regierung nicht gerecht, wenn wir sie an ihren Maßnahmen messen, wobei die Maßnahmen ja schon reichen würden. Lasst sie doch arbeiten, beurteilt sie an ihren Taten, haben uns die Kommentatoren gesagt, die immer ganz schnell damit sind, sich an die Herrschaft, an die Macht ranzuschmeißen, die Bückredakteure, Anschmiegkommentatoren und Stets-zu-Diensten-Moderatoren, vor einem Jahr und ein paar Monaten noch, und ja, die damals wie heute angemessene Antwort wäre, dass es eher darum ginge, sie daran zu hindern, die Taten, die Schandtaten sein werden, überhaupt zu setzen. Aber es sind ja nicht die Maßnahmen, die diese Regierung ausmachen, nicht einmal wenn wir die ganze Liste ihrer vollbrachten und geplanten Schandtaten aufzählten. Diese Taten sind in gewisser Weise noch das Unspektakulärste an ihr.

Österreich hat eine national-autoritäre Regierung, die im rabiat-populistischen Stil kommuniziert und sich gegen jede Opposition, gegen jedes Widerwort wendet, sie will, dass abweichende Meinungen nicht mehr existieren oder wenn, dann so marginalisiert sind, ins Lächerliche gezogen, mit Häme übergossen, dass sie kein Gehör mehr finden, sie dreht das übliche Spiel in der Demokratie um, die demokratische Spielanordnung nämlich, dass die Regierung regiert und die Opposition kritisiert, aufdeckt, anprangert. Wir haben eine Regierung, die die Opposition kritisiert, den kritischen Stimmen nachsteigt, ihnen nachstellt, den Widerspruch anprangert. Der im Amt überforderte, ihm in keiner Hinsicht gewachsene Innenminister läuft nur dann zu Form auf, wenn er die Opposition von der Regierungsbank angiftet, bekannt dafür, den Mangel an Sprachgewalt durch eine Überdosis Sprache der Gewalt auszugleichen. Wir haben eine Regierung im permanenten Wahlkampf, Kampagnenmodus in Permanenz, im Wahlkampf gegen die Bevölkerung, gegen die demokratische Opposition, gegen die Zivilgesellschaft, eine Regierung, die aggressiv agiert gegen die Bevölkerung, und das im Namen eines Volkes, das sie gewählt habe. Wahlkampfrhetorik, die oft kaum von Bürgerkriegsrhetorik unterscheidbar ist. Der neue Autoritarismus, das ist ja das Eigentümliche an ihm, ist nicht gegen die Demokratie, nicht explizit, er sagt nicht, dass die Demokratie weggeräumt gehört, sondern er behauptet, es sei die wahre Demokratie, wenn man dem Willen des Volkes Genüge tue, und der Wille des Volkes sei nun einmal, dass diese Regierung regiert und Opposition, Zivilgesellschaft und Bevölkerung nicht mehr aufmucken. Auch die Menschenrechte seien nur ein Gesetz, das, wie jedes andere auch, von parlamentarischen Mehrheiten geändert werden kann, doziert der Innenminister, nur um ein paar Tage später zu bekunden, er sei wieder einmal ganz fies missverstanden worden. Der Wille des Volkes, er verkörpere sich in der Regierung.

Das ist die neue Idee der Demokratie, die autoritär-populistische Version, die autoritär-plebiszitäre, mit ihren täglichen Plebisziten in Social Media und Boulevard, die Demokratie, die sagt: Wir vertreten das Volk, wir sind die wahre Stimme des Volkes, deswegen sagen wir den Stimmen aus dem Volk, die wir nicht hören wollen: Gusch!

Aus dem Volk, wie sie es sich zurechtpropagandieren, ist ein Großteil der Bevölkerung ausgeschlossen.

Sie senden damit ein Signal: Wer sich nicht anbiedert, wer nicht unser Lied singt, der wird ein Problem bekommen in diesem Land, da müssen wir gar keine Lager errichten, in denen wir Menschen konzentriert halten, wie das der Unverantwortungsträger im Innenministerium formulierte, nein, Kritiker müssen wir da gar nicht sonderbehandeln, um ein Wort des Landesrats mit dem treffenden Namen Waldhäusl zu paraphrasieren, es reicht, wenn wir ihnen die Luft zum Atmen abschnüren. Also nehmt euch in Acht. Und in einem Land, in dem man seit jeher sehr gut darin ist, sich in Acht zu nehmen – der Österreicher ist ein Weltmeister darin, sich in Acht zu nehmen, der Mut ist nicht erfunden in Österreich, die Verwegenheit ist keine Tugend in den Redaktionsstuben, die Fenster sind hier klein und man kann sie nicht öffnen, kein Schaden in einem Land, in dem ohnehin kaum jemand wagt, sich beim Fenster hinauszulehnen –, na, in so einem Land fällt das natürlich auf fruchtbarsten Boden. Wer würde sich nicht in Acht nehmen, man weiß ja nie, ich meine, das Einkommen will man auch künftig haben, die Eigentumswohnung ist noch nicht abbezahlt, da hat man schon ein paar Gründe, wer will es einem verdenken, sich in Acht zu nehmen. Und in so einem Land kommen dann die beinahe wortgleichen Kommentare der Leitartikler zustande, die der Opposition vorwerfen, sie würde opponieren, sie würde die Regierung kritisieren, ein Vorwurf, der mit der perfiden Formulierung einhergeht, die Opposition sei dauerbeleidigt, sie habe ihre Niederlage, die der Sieg der Regierung war, noch nicht verwunden. Wer dagegen ist, im Hassmodus regiert zu werden, der ist also eine dauerbeleidigte Leberwurst, wer gegen uns ist, ist aus verschiedenen Gründen, die mit der Sache nichts zu tun haben, einfach schlecht gelaunt, das ist ein rhetorischer Dreh, den die Heere von Spindoktoren in den Ministerkabinetten ausgetüftelt haben, und kaum erfunden, ist er schon im Leitartikel der *Kurier*-Chefredakteurin und in der *Krone* und in der *Presse*. Im ORF wird der Vorwurf natürlich nicht so erhoben, da ist man neutral, weshalb man ihn neutral in eine Frage packt und mit einem blassen, unhörbaren rhetorischen Fragezeichen versieht. Man muss das aber auch verstehen, allein im Innenministerium beschäftigen sie zweiundfünfzig Medienleute, also Formulierungskünstler und Wortverdreher, mehr als in mancher Redaktion, da hat man noch Zeit, sich Sätze, wohlklingende Phrasen und Argumentarien zu überlegen, der Journalist hat da im Stress doch keine Zeit dafür, der übernimmt dann natürlich mit Dank, was man für ihn vorgedacht hat. Da gibt es die Ängstlichen, für die Gedankenfreiheit heißt, dass man frei darin ist, die eigenen Gedanken für sich zu behalten, man ist frei im Verschweigen etwaiger dissidenter Gedanken, die man im Privaten hat. Und da gibt es natürlich auch jene, für die Gedankenfreiheit heißt, sowieso von jedem eigenständigen Gedanken frei zu sein, weil man es mit dem Denken grundsätzlich nicht so hat und die über jeden vorgedachten Gedanken froh sind.

Österreich 2019: Wir sind wieder angelangt an diesem Punkt, an dem wir auch in der Ersten Republik schon einmal waren, in einer demokratischen Republik nämlich, in der es ein Nachteil für die Karriere ist, ein lupenreiner Demokrat zu

23

sein und ein Vorteil, sich als hinreichend flexibel zu erweisen.

Der Klimawandel kommt nicht, wir stecken mittendrin in der Klimakatastrophe, ja, was für die Erhitzung des Planeten gilt, das gilt auch für die Erhitzung dieser kleinen Welt, Österreich, diese kleine Welt, in der die große ihre Probe hält. Wobei das alte Hebbel-Wort in dem Fall ja nur ein Kalauer ist, denn das Skript für den autoritären Umbau, für die Einschüchterung, für das Regieren im Wir-gegen-sie-Stil, das ist ja schon anderswo ausformuliert worden, in Orbáns Ungarn, im Polen der PiS-Partei, in Trumps Amerika, der Türkei Erdoğans. Österreich ist da ja nur die kleine Welt, in der die große halt jetzt auch ankommt. Da muss kein Maturant sich habilitieren und kein Zahntechniker brillieren, es ist genug Rohstoff vorhanden für ein fantasieloses Plagiat und Implantat von der Stange.

Nichts von dem, was kam, hätte überraschen müssen, genauso wie alles, was noch kommt, nicht überraschen sollte. Gewiss, in Österreich ist man von der Wirklichkeit immer etwas überrascht, man hätte doch nicht ahnen können ist die übliche Nachhineinformel in einem Land, dessen Vorhineinformel lautet, es werde ja nicht so arg kommen, es werde bestimmt nicht so heiß gegessen wie gekocht, man dürfe Gerede doch nicht ernst nehmen, es sei doch eben nur Gerede. Dass sich der Kanzler und sein heutiger Vize im Wahlkampf nur einmal in die Haare gerieten, nämlich als sie sich stritten darüber, wen von ihnen Viktor Orbán lieber habe, dass der rechtsradikale Präsidentschaftskandidat in einem Augenblick der Ehrlichkeit in schneidiger Offenherzigkeit ankündigte, man werde sich noch wundern, was alles möglich ist, das hält die, die sich gewohnheitsmäßig an die Verhältnisse anschmiegen, indem sie sich die Verhältnisse und ihr Anschmiegen schönreden, natürlich nicht davon ab, sich am Ende doch zu wundern. Denn, siehe oben, wer hätte denn ahnen können.

Zentral bei all dem ist der simple Trick: der Ausländer-Trick nämlich. Eine doppelte Politik der Rohheit ist am Werke. Die Verachtung der Armen, diese Ideologie, Härte ins Leben der Leute zu bringen, wenngleich natürlich immer nur ins Leben anderer Leute, nie ins eigene Leben, diese Phrasen von der Eigenverantwortung

25

und der sozialen Hängematte, in der sich Menschen angeblich ausruhen. Da wird es dann zur »Riesenchance« umgedeutet, Leuten die Mindestsicherung zu kürzen, weil es diese doch dazu ermuntere, aus ihrem Leben etwas zu machen. Diese Rhetorik, die meint – ist Ihnen das eigentlich schon aufgefallen? –, dass man Menschen mit einem hohen Einkommen nur dann zu Leistung motivieren kann, wenn man ihr Einkommen erhöht, während man Menschen mit geringen materiellen Mitteln natürlich am besten zu Leistung motiviert, indem man ihr Einkommen noch mehr kürzt. Irgendwie müssen das zwei unterschiedliche Menschenschläge sein, die offenbar nicht der gleichen Spezies angehören.

Diese Rohheit der Wettbewerbsgesellschaft wird dann im zweiten Schritt ergänzt durch Regierungsparteien, die selbst im Wettbewerb sind, wer denn am glaubwürdigsten verspricht, die Ärmsten zu quälen, ergänzt durch die Botschaft: Aber die Ausländer! Die Moslems! Dir wird die Notstandshilfe gestrichen? Aber dafür sind wir zu den Moslems noch gemeiner! Du musst zwölf Stunden arbeiten? Gräme dich nicht, dafür nehmen wir den Flüchtlingen noch mehr weg und halten sie konzentriert! Wenigstens etwas, worüber du dich freuen kannst!

Wir versprechen nicht, dass es dir besser geht, aber wir versprechen dir, dass es deinem Nachbarn noch schlechter geht als dir.

Die Rohheit ist in Amt und Würden, der Zynismus an der Macht. Dabei ist es eine Angstkultur, die benutzt und ausgebeutet wird. Angst vor Abstieg. Angst, dass der Boden unter den Füßen nicht mehr sicher ist. Diese Angst ist der Stoff, aus dem die Politik der Rohheit ihre täglichen Kampagnen schmiedet und ihre Gemeinheiten zusammenknetet.

Politik mit Gefühlen, aber mit miesen.

Und immer aggressiv vorgetragen. Immer mit Dringlichkeit. Immer so schrill, dass es nur ja die Aufmerksamkeitsschwelle überspringt. Es ist die Herrschaft der Niedertracht, getragen von einer Sprache der Verachtung, die die Schleusen für alle geöffnet hat. Regieren als Kampagne in Permanenz, stets mit dem Ziel, die Gesellschaft zu spalten, die Menschen aufzuhussen in Gestalt eines Wir-gegen-Sie, eine Rhetorik der Verschärfung, die Dosis muss täglich zugeführt werden und noch erhöht, damit sie weiter wirkt. Das

Land ist auf einer schiefen Ebene und rutscht. Um etwaige Gegenwirkungen, mögliche Immunisierungen von vornherein auszuschließen, muss die Opposition täglich angegriffen und zivilgesellschaftliche Dissidenz eingeschüchtert oder mindestens in Depression gehalten werden. Die öffentliche Meinung muss einerseits mit den Werkzeugen der Kampagnisierung bespielt und gesteuert werden, und andererseits mit ostentativen oder subtileren Knebelungen kontrolliert werden, von der Einschüchterung von ORF-Journalisten über den Austausch von *Kurier*-Chefredakteuren bis hin zu einer Inseratenpolitik, die öffentliche Anzeigen in echten Zeitungen storniert und zu rechten Hetzmedien verschiebt. Von einem Staatsstreich in Zeitlupe sprach Peter Turrini.

Dieser Autoritarismus kommt nicht mehr mit großem Getöse daher, er scheut die offene Konfrontation. Die Sprache der Gewalt und der Blick des Unschuldslamms gehören zusammen. Täglich werden Grenzen um Millimeter verschoben und zugleich wird so getan, als geschähe nichts. Skandal reimt sich auf banal. Mal wird hier ein Gesetz verschärft, dort ein Amtsträger gemobbt, da eine Subvention gestrichen, dort ein Kritiker um Job und Brot gebracht. Der Autoritarismus schleicht sich Schritt für Schritt und sogar auf leisen Sohlen herein, bis er den Raum einnimmt. »Zum großen Bösen kamen die Menschen nie mit einem Schritt. Nie. Sondern mit vielen kleinen. Von denen jeder zu klein schien für eine große Empörung. Erst wird gesagt, dann wird getan«, formulierte der Schriftsteller Michael Köhlmeier. Dieses Schleichende, Einschleichende wird dann begleitet von Diskursen der Normalisierung. Nicht die Herrschaft der Niedertracht wird dann kritisiert, sondern die Kritik an ihr. Es sei doch alles nicht so schlimm, man möge doch bitte nicht empört sein. Wer sich empört, dem wird geraten, sich in Gelassenheit zu üben. Etwaige Opposition soll eingelullt werden, auch ins Lächerliche gezogen oder einfach demobilisiert.

Gleichschaltung, aber auf die österreichische Art. Hier werden wir keinen Richter brauchen, hier machen wir das hintenherum. Wer wäre dafür auch besser geeignet als ein Kanzler, der sich als Meister der Intrige und als Lokalmatador für Kabale erwiesen hat. Sie werden nichts ungeschehen lassen, was kritische Stimmen ausmerzt.

Ich sage das nicht, um Sie zu schocken. Ich sage das nicht, um Depression zu verbreiten. Ich sage es nur, damit wir uns nichts vormachen. Täuschen wir uns nicht in ihren Absichten. Bei dieser Regierung kann man davon ausgehen: Wenn man das Schlimmste annimmt, wird man nicht so falsch liegen, außerdem wird man dann im besseren Fall positiv überrascht. Blicken wir nach Ungarn, wo das große Vorbild dieser Regierung sagte: »Alles ist möglich.«

Die Auseinandersetzung der Gegenwart ist eine zwischen Demokraten und Antidemokraten, eine zwischen den Verteidigern der liberalen Demokratie und dem Autoritarismus.

2
DER MANN MIT DEM GEWISSEN NICHTS

Der Kunstfigur Sebastian Kurz kann
man nicht vorwerfen, seine Werte
verraten zu haben, denn er hatte ja
nie welche

Sebastian Kurz wurde vor zweiunddreißig Jahren in Wien als Chef der Jungen ÖVP geboren und seine ersten Worte waren angeblich, dass er sich am Anpatzen nicht beteiligen werde. Man kann sich fragen, ob Sebastian Kurz ein interessantes Phänomen ist, aber kaum hat man diese Frage im Kopf zu drehen begonnen, schlägt sie schon Pirouetten, denn möglicherweise ist ja das Interessanteste an Sebastian Kurz, dass er so uninteressant ist. Und dass diese Uninteressantheit die Grundlage seines Erfolgs ist, was ja dann in einer weiteren Metaschleife schon wieder eine höchst interessante Sache ist. Wirkliche Überzeugungen sind von ihm nicht überliefert. Er strahlt mit jeder Faser seines Körpers eigentlich aus, dass er keine hat. Schwer zu sagen, warum er überhaupt in die Politik ging – dass er für irgendwelche Werte gebrannt hätte, für die er sich hätte einsetzen wollen, sagen ihm nicht einmal seine verblendetsten Fans nach. Müssen sich herkömmliche Politiker oft mit dem Vorwurf herumschlagen, sie hätten im Zuge ihres Aufstiegs ihre Werte verloren, so ist Kurz da unangreifbar, er hat ja nie welche gehabt. Kritisiert man ihn, kontern seine Paladine stets mit dem Hinweis auf seinen Erfolg, als wäre die Niedertracht irgendwie tugendhafter, nur weil sie in Umfragen Mehrheiten hinter sich hätte.

Und doch hat dieser Hinweis auch seine innere Schlüssigkeit: Was sonst wäre bei einem Politiker ohne Werte denn ein Maßstab für Erfolg als der Erfolg selbst, also der Zuspruch des Publikums? Nie auch hat er Kompetenzen auf einem speziellen Politikfeld erworben, außer eben auf dem allgemeinen Politikfeld, der Parteien- und Machtkonkurrenz. Erzählt er von seiner Politik oder auch nur von seinem persönlichen Werdegang, gibt es dabei nie auch nur Spurenelemente des Echten. Oft sagt er Dinge, die einfach dreist gelogen sind (»Die Überraschung war für mich dann groß, als Reinhold Mitterlehner zurückgetreten ist« kann er einfach so in Fernsehkameras sprechen, obwohl er natürlich weiß, dass auch sein Gegenüber weiß, mit welch fiesen Gemeinheiten und Illoyalitäten er seinen Parteichef-Vorgänger zermürbt hat). Noch öfter erzählt er einfach Geschichten ohne viel Tatsachensubstrat. Die heute so beliebte Forderung, man brauche für alles ein »Narrativ«, also eine Story mit einprägsamem Plot, dreht er seit jeher ins Absurde, indem er dauernd irgendwelche schön erfundenen Geschichten erzählt, deren Unauthentizität einem aber sofort ins Auge springt. Er hat faktisch noch nie einen Satz gesagt, der nicht wie auswendig gelernt wirkte. Er ist die totale Kontrolle, die »personifizierte Selbstkontrolle«, wie das Barbara Tóth und Nina Horaczek in ihrer Kurz-Biografie nennen. Er ist einerseits eine perfekte Machtmaschine, die von keinen moralischen Hemmungen gebremst zu sein scheint, und zugleich die totale Kunstfigur, die sich immer so »brandet«, also nach reinen Marketinggesichtspunkten selbst modelliert, wie das der angenommenen Nachfrage am Wählermarkt entspricht. Wenn er ein Thema bespielt, legt er sich drei, vier Sätze zu, die er immer wiederholt (»ich habe die Balkanroute geschlossen« oder ähnliche). Das oberste Gesetz der Kurz'schen Rhetorik ist: Der Gesprächspartner und das Publikum werden wie Schwerhörige oder etwas Schwachsinnige behandelt, weshalb alles möglichst simpel und deutlich gesagt und endlos wiederholt werden muss.

Er überlässt nichts dem Zufall, was auch heißt, er begibt sich nie in Situationen, in denen Unvorhergesehenes entstehen könnte, also irgendetwas, was die reale Figur hinter der Fassade erkennbar machen würde. Nicht einmal nach langen Nächten an der Hotelbar sind Momente des, und sei es nur leisesten, Kontrollverlusts überliefert. Nur Eingeweihte sagen, er könne auch ulkig sein und habe Humor, sei sogar für Kasperliaden zu haben. Wenn also, dann ist diese totale Uninteressantheit das Interessanteste an Sebastian Kurz.

Was ihm nützt, wird er tun. Er ist seit Jahren mit einer eingeschworenen Truppe von Prätorianern umgeben. Gerald Fleischmann kontrolliert für ihn die Medien, Philipp Maderthaner ist für die Kampagnen, die Selbstpositionierung und die Meinungsumfragen zuständig. Stefan Steiner ist so etwas wie Kurz' Brain. Die machiavellistische Prinzipienlosigkeit dieser Paladine lässt sich schön an einem Absatz illustrieren, den Steiner einmal aufgeschrieben hat. Darin erklärt er, damals noch froh, dass sich das Integrationsklima in Österreich merklich verbessert habe und ausländerfeindliche Ablehnung zurückgegangen sei: »Dieser Stimmungswandel ist erfreulich, sollte aber auch nicht überbewertet werden. Gerade in einem derartig emotionalen Feld wie der Integration genügt oft ein Anlass, um jahrelang aufgebaute Verbesserungen im Meinungsbild mit einem Schlag wieder zunichte zu machen.« Als denkbare Anlässe, die alles wieder kaputt machen können, führt er an: »Potenzielle Terroranschläge, aber auch Wahlkämpfe.« Dieses Wissen hinderte aber Kurz und seine Gang keine Sekunde daran, auf ausländerfeindliches Kampagnisieren im Wahlkampf umzuschalten, sobald sie bemerkt hatten, dass dies für ihr Fortkommen entscheidend sein könnte. Da werden sogar »wissenschaftliche Studien« zugespitzt und zurechtgebogen, die den Integrationsunwillen der Muslime beweisen sollten, wenn diese nicht die ausreichend dramatischen Ergebnisse erbringen. Und dass Sebastian Kurz seit nunmehr bald vier Jahren jedes denkbare Problem innerhalb von Dreißig-Sekunden-Soundbites so verdreht, dass er es Ausländern und der Migration in die Schuhe schieben kann, ist eben genau so ein Verhalten, das »Verbesserungen im Meinungsbild zunichte« macht. Oder genauer: Das seit Jahr und Tag an einem Meinungsbild arbeitet, das die öffentlichen Diskurse hysterisiert.

Sollte Sebastian Kurz selbst irgendwelche persönlichen Faibles oder gar Emotionen haben, so weiß er sie gut zu verstecken. Eines kann man mit Sicherheit über ihn sagen: Seine Diszipliniertheit kann man mit Fug und Recht eine Diszipliniertheit bis zur Selbstaufgabe nennen, denn ein authentisches Ich Sebastian Kurz wird, sollte es denn überhaupt existieren, zugunsten der Kunstfigur Sebastian Kurz perfekt unterdrückt.

Zum Bild dieser Kunstfigur Sebastian Kurz gehört auch die Behauptung, dass er sich aus den Niederungen der Parteipolitik mit ihren Gehässigkeiten und ihrem Apparatschikstil ferngehalten habe und nur, als es sich nicht mehr vermeiden ließ, in die erste Reihe trat, gewissermaßen ohne eigenen Antrieb, um nicht zu sagen gegen seinen Willen. Zu der Kunstfigur gehört aber genauso, dass das Publikum diese Geschichte zu glauben entschlossen scheint, aber in einer Weise, wie man entschlossen ist, eine schöne Märchengeschichte zu glauben, die man gerade im Fernsehen sieht. Also: Man weiß natürlich, dass sie erfunden ist, ja, dass eigentlich das genaue Gegenteil wahr ist, nämlich dass Kurz eine intrigante Machtmaschine ist, die keine Gemeinheit ausließ, um an die Spitze zu gelangen, aber die Story hört sich so verlockend an, dass man sie gerne glaubt. Es ist eine Lüge, deren Lügencharakter für jeden offensichtlich ist, was aber die Attraktion der Lüge keineswegs schmälert.

Dass Kurz und seine Leute wahrscheinlich persönlich ihre Propaganda gar nicht glauben, dass sie also keine überzeugten xenophoben Verhetzungsagitatoren sind, sondern nur in kalter Berechnung auf dieser Klaviatur spielen, das kann man dann je nach Laune als einen Sachverhalt ansehen, der die Angelegenheit schlechter oder besser macht. Vielleicht ähnelt Kurz in dieser Hinsicht sogar dem alten Säulenheiligen der

Christlichsozialen, Karl Lueger, der persönlich angeblich auch kein Judenhasser war, nichtsdestoweniger aber ein Großmeister antisemitischer Kampagnen. Es zeigt aber vor allem: Diese Leute glauben an nichts.

Man weiß das alles. Diese Dinge sind ja nicht einmal verborgen. Es war ein schöner Sommertag im Jahr 2017, da überreichte mir ein Bekannter einen Akt, ein knappes Kilogramm schwer, fast zehn Zentimeter dick. »Von mir hast du das nicht und frage nicht, von wem ich es habe.« Es waren die gesamten Kampagnenplanungen der Kurz-Truppe seit vielen Monaten. Sie hatten sich auf alles vorbereitet, insbesondere darauf, Reinhold Mitterlehner vom Parteivorsitz zu verdrängen und dann in vorgezogenen Neuwahlen an die Spitze zu treten. Eine perfekte Inszenierung, die nichts dem Zufall überließ – während man der Öffentlichkeit später einredete, man sei nicht nur von Mitterlehners Rücktritt überrascht gewesen, sondern man habe sogar mit der Übernahme der Parteiführung gehadert, man habe Erwägungen angestellt und Bedingungen formuliert (diese »Bedingungen« waren längst schon abgemacht gewesen). Ein Papier trug den Titel

»Projekt Bundesparteiobmann«, ein anderes hieß »Projekt Ballhausplatz«. Auch ein ausgeklügelter Fahrplan für das erste Monat der Machtübernahme war dabei, mit penibler Agenda, was an jedem einzelnen Tag geschehen solle. Eine Liste mit Unterstützern, eine mit möglichen Geldgebern, dazu eine Excel-Datei mit Hunderten Namen und Mobiltelefonnummern, praktisch das gesamte Who's Who der Republik, von dem nicht ausgeschlossen werden konnte, dass es sich vielleicht für die ÖVP einspannen lassen würde. Dazu Hinweise auf Leben, Konsumgewohnheiten, Charaktereigenschaften und Image-Defizite der Gegenkandidaten, die man für Dreckscampaigning benutzen wollen würde – was später dann tatsächlich genau so kam. Besonders widerlich: Wie rechte Hassposter sollte man mit Fake News Stimmung gegen Muslime machen, also etwa mit der Behauptung, dass in manchen Schulen »keine Weihnachtslieder gesungen werden dürfen, kein Martinsfest und kein Nikolo gefeiert werden darf«. Mangels Wirklichkeitsbezugs des behaupteten Problems wird gleich der Arbeitsauftrag mitformuliert: »Anlassfall wird gesucht!«

Tatsächlich sollte Kurz die FPÖ im Wahlkampf so scharf rechts überholen, dass sich das Satireportal *Die Tagespresse* dazu verleitet sah, den Freiheitlichen ein richtig »ehrliches Wahlplakat« vorzuschlagen. »Zeichen gegen Rechtsextremismus setzen – Strache statt Kurz wählen.«

Das Schlüsseldokument des gesamten Konvoluts war aber ein Papier aus dem Jahr 2016 mit dem schlichten Titel »Strategische Grundlage und Positionierung«. Die Stimmung in der Bevölkerung sei nicht nur gegen die Große Koalition, sondern gegen »das System« – diese Große Koalition aber die Verkörperung des Systems. Die Atmosphäre: »Es muss sich was ändern.« Hinzu komme eine grassierende »Unsicherheit«. Sebastian Kurz müsse deshalb als der »ganz Andere« positioniert werden, als der, der handelt, der von außerhalb des Systems kommt. »Einzige Möglichkeit, in dieser Situation politisch erfolgreich zu sein, ist eine Position einzunehmen, die diese Stimmung bedient.« Parole: »Anders sein – Anti-Establishment«. Sebastian Kurz müsse zur »personifizierten Hoffnung« hochgejazzt werden. Er müsse ein buchstäblicher Charakter-Darsteller sein, also ein Schauspieler, der sich mit Attributen wie »bescheiden«, »fleißig«, »anders« schmücke.

Sebastian Kurz hat wie ein Serienschauspieler dieses gesamte Skript runtergespielt, ohne jede Textunsicherheit. Nie ist er, bis heute, auch nur einen Millimeter von seinem Textbuch abgewichen. Wenn etwas an Kurz' Leistung Respekt abnötigt, dann das. Selbst als er nach erfolgreicher Wahl einem Biografen für lange Gespräche zur Verfügung stand, hat er offenbar niemals auch nur ein wenig Pose und Rolle verlassen, was man erst einmal schaffen muss, wenn man stundenlang in lockerer Atmosphäre beim Lieblingsitaliener in Meidling über sein Leben erzählt. Aber es findet sich in diesem gesamten Buch kein einziger Satz von Sebastian Kurz, der nicht klingt, als wäre er von einem PR-Agenten für eine Presseaussendung formuliert worden. Eine Figur wie aus einer Claas-Relotius-Reportage, an der nichts echt ist. Nur dass in dem Fall nicht der Beschreibende der Märchenerzähler ist, sondern der Beschriebene, der sich als Fabelwesen präsentiert und der von sich so lange Märchengeschichten erzählt, bis er selbst in dieser Märchenwelt lebt. Womöglich glaubt er mittlerweile alles, was er sagt, schon selbst.

Beschäftigt man sich mit Sebastian Kurz, beschleicht einen irgendwann der Eindruck, man habe es nicht mit einem Menschen, sondern mit einem Roboter zu tun, der einfach abspult, was man ihm einprogrammiert hat, eine ganz eigene Form der Artificial Intelligence.

»Kurz war in seiner Zeit als Schüler und angehender Jungpolitiker bereits das, was er bis heute ist: ein Mensch ohne Brüche, Geheimnisse, Tragödien oder Wirrnisse«, schreiben Nina Horaczek und Barbara Tóth. Und genau diese Leere erleichtert die Identifikation mit der Projektionsfläche Kurz. »Der einzige Sinn und Zweck dieser Kunstfigur, die die öffentliche Privatperson Kurz darstellen soll, ist, dass sich in ihr jede und jeder ein wenig wiederfinden soll.«

»Macht der Leere« ist ein fulminanter Text überschrieben, in dem der österreichische Schriftsteller Thomas Stangl den Kanzler in der Hamburger *Zeit* porträtiert. Ein »Spiel mit dem Nichts«, ein Spiel mit der Leere, das sei die Kommunikationsstrategie von Sebastian Kurz. »Er ist Politiker geworden nicht aus einem besonderen Engagement für ein Anliegen heraus, aus Idealismus oder aus gerechter oder ungerechter Wut. Sondern schlicht, um Politiker zu sein, so wie ein anderer Unternehmer, Schach- oder Schauspieler wird. (…) Dieses Fast-Nichts ist vielleicht das Geheimnis dieses Mannes, der in seiner bisherigen Regierungskarriere und im Wahlkampf makellos und unberührbar seine äußere Form bewahren und zugleich – oft von Satz zu Satz die Rolle wechselnd – wandelbar erscheinen konnte. In seinen Auftritten gab er den Schlagerstar, der keinen Griff in die Kitschkiste scheut, um das Publikum an sich zu binden, den werte- und merksatzbewussten Konservativen, den Ratgeber im Predigtstil, den bösartigen Demagogen und den Staatsmann, alles mit der gleichen sanften Überzeugungskraft.«

In dieses Bild passen die völlig inhaltsleeren, geradezu aufreizend nichtssagenden Sätze, die Kurz im Wahlkampf auf seine Plakate schreiben ließ. »Tun, was richtig ist.« – »Jetzt oder nie.« Oder: »Zeit für Neues.«

Stangl weiter: »Wenn man Sebastian Kurz mit dem letzten beunruhigend begabten und neuartigen Politiker Österreichs, Jörg Haider, vergleicht, so ist der prägnanteste Unterschied: Nichts an Kurz lädt dazu ein, ihn psychoanalysieren zu wollen. Es scheint keinerlei geheime Antriebe, keinerlei familiäre Verstrickungen, keinerlei Ambivalenzen und Mehrdeutigkeiten zu geben.«

Sagt man gelegentlich über Leute, sie hätten das gewisse Etwas, so ist dieses bemerkenswerte, charakteristische Etwas bei Kurz eben gerade, dass da nichts ist. Leerer Signifikant. Eine Figur ohne Eigenschaften. Der Mann mit dem gewissen Nichts.

Er kann die unerhörtesten Sachen sagen, aber nie eine Gefühlsregung zu erkennen geben und wenn ausnahmsweise doch, dann eher als Emotionsdarsteller, weil ihm irgendein Rhetorikberater gesagt hat, dass man an dieser Stelle ein wenig Emotion zeigen sollte. »Er zeigt immer genauso viel Emotion, wie für das jeweilige Argument nötig scheint; gibt sozusagen Emotionen wieder, ohne den Eindruck zu erwecken, er – das heißt, die Inszenierung – wäre durch seine eigenen Gefühle geleitet oder behindert.«

Bei den allermeisten Menschen, auch bei jenen, die im Lichtkegel der Öffentlichkeit stehen und verständlicherweise versuchen, ihr öffentliches Bild unter Kontrolle zu halten, kann man dennoch Spuren des Authentischen und echter Emotionen aufstöbern, wenn man sich nur lange genug durch das Material wühlt, wenn man Interviews ausführlich liest oder Selbstzeugnisse auf verräterische Stellen des Echten abklopft. Bei Sebastian Kurz ist man mit dieser Methode aber auf der Verliererstraße – beinahe. Nur zwei Dinge springen irgendwann dann doch ins Auge, wenn man sich mit seiner Person beschäftigt.

Da ist zunächst eine bemerkenswerte Larmoyanz, die Behauptung, er habe es im Leben schwer gehabt. Allen Ernstes sagte er immer wieder in Interviews: »Ich habe härtere Phasen erlebt, als die meisten anderen in der Politik. Als ich mit nur vierundzwanzig Jahren Staatssekretär wurde, war der Gegenwind so stark, dass es für mein Team, für meine Familie und für mich eine wirklich furchtbar schwierige Zeit war.« Manche Leute, sogar in der eigenen Partei, hätten ihn gemieden. Kurz erzählt diese Geschichte so oft und stets mit dem Gefühl tiefer Gekränktheit, sodass man annehmen kann, dass er das in seiner Selbstbezogenheit tatsächlich so meint. Aber das muss man sich einmal vorstellen: Da wird jemand mit vierundzwanzig Jahren Staatssekretär, also Regierungsmitglied, erhält einen Job, von dem die allermeisten Leute seiner Generation nur träumen können, eine

45

Stelle, die mit hohem Sozialprestige verbunden und mit einem Salär von rund fünfzehntausend Euro monatlich vergütet ist – und bringt gerade das als Exempel dafür, es im Leben nicht leicht gehabt zu haben. Nun kann natürlich auch so ein Aufstieg seine negativen Begleiterscheinungen haben, gerade wenn man, wie Kurz behauptet, dann im Feuer höhnischer Schlagzeilen steht. Auch der Autor dieser Zeilen lästerte 2011 über den neuen »Staatssekretär für Schnöselangelegenheiten«, darüber, dass »ein völlig Ahnungsloser, der in seinem Leben noch nichts Erkennbares geleistet hat, ein solch ein wichtiges Ressort« anvertraut bekommt. Bloß: Innerhalb von einer Woche drehte sich damals der Wind. Sebastian Kurz stellte sich in der wichtigsten Nachrichtensendung des Landes, der »Zeit im Bild 2«, den harten Fragen des Anchorman Armin Wolf, machte eine hervorragende Figur, und die kritischen Stimmen verstummten schnell. Ich weiß zufällig ziemlich genau, wovon ich spreche, denn ich war es, der Kurz damals aus der Schusslinie nahm. Eine Woche nach meinem kritischen Kommentar schrieb ich: »Habe ich Ihnen Unrecht getan, Sebastian Kurz?«, räumte ein, einen Fehler gemacht zu haben, rühmte den jungen Mann dafür, »weitgehend vernünftiges Zeug zum Thema Immigration und Integration gesagt, und das auch noch eloquent auszudrücken vermocht« zu haben und resümierte: »Damit hat er den meisten anderen seiner Berufs- und Parteikollegen ordentlich etwas voraus.« Fazit: »Das, was man in der vergangenen Woche vom Sebastian Kurz gehört hat, war das Vernünftigste, was man seit langer, langer Zeit von einem ÖVP-Regierungsmitglied zu diesen Fragen gehört hat.«

Mit diesem Kommentar war das höhnische Gerede über den jungen überforderten Vierundzwanzigjährigen in der österreichischen Medienlandschaft zu Ende. Das heißt aber auch: Was Kurz bis heute andauernd im larmoyanten Gejammer als traumatisierendes Erlebnis, als Beweis dafür anführt, es im Leben schwer gehabt zu haben, waren ein paar schnippische und kritische mediale Begleitnotizen zu seinem Amtsantritt, die gerade einmal eine knappe Woche andauerten und dann ein schnelles, jähes Ende fanden. Wie wenig muss man vom echten Leben und dessen Problemen berührt worden sein, um das schon als schwere Phase, als »eine furchtbare Zeit« (ja, so nennt er das wirklich!) zu bezeichnen?

Ein anderes Motiv, das in den Erzählungen über Sebastian Kurz immer wiederkehrt, ist seine Fähigkeit, Teams zu organisieren, den Chef zu spielen und sich mit Details nicht weiter aufzuhalten – dies überlässt er gerne anderen. Besonders wird seine Fähigkeit »zu delegieren« gerühmt. Schon sein Geografielehrer erinnert sich an eine Art gemeinnütziges Projekt, das Kurz und seine Schulkollegen auf die Beine stellten, bei dem er schnell »bewiesen hat, dass er delegieren kann«. Kurz habe damals die Arbeit der anderen organisiert, das war sein Beitrag zum gemeinnützigen Engagement. Geschichten wie diese wiederholen sich dermaßen oft, dass man daraus den Schluss ziehen muss, dass Kurz besonders talentiert darin ist, andere die Arbeit erledigen zu lassen, aber selbst die Lorbeeren dafür zu ernten. Als hätte er sich das Bonmot von Kurt Tucholsky persönlich zu Eigen gemacht: »Organisation ist, wenn die anderen arbeiten.«

Andere die Arbeit tun lassen, sich ins gemachte Bett legen und eine große Klappe führen – in einem noch größeren, metaphorischen Sinne gilt das letztlich ja auch für die Kanzlerschaft von Sebastian Kurz. Er hat die Stimmung ausgelotet, die antipolitischen Anti-System-Sentiments in breiten Teilen der Bevölkerung gewittert, die migrationsfeindlichen Grundstimmungen, die von Hassmedien und Hasspolitikern in vielen Jahren geschaffen wurden. Aber er hat auch ein Klima aufgenommen, an dem Boulevard und Kommentatoren lange Zeit gearbeitet haben, das Meinungsbild nämlich, dass das Land in Stillstand erstarre, sich fundamental etwas zu ändern habe. Diese Arbeit, die andere erledigt hatten, nützte er zu seinem Vorteil, was so weit ging, dass er der rechtsradikalen FPÖ praktisch auch ihr Programm entwendete. So wurde Kurz zum eigentlichen Protagonisten der Mauern-hoch-, Zäune-zu-Politik, zum Pummerin-statt-Muezzin-Demagogen, aber zu einem, der diese Politik mit ausdruckslosem Gesicht, ohne die Pennäler-Reime der FPÖ und von jeder emotionsgetriebenen Gehässigkeit frei verkörperte, also ein Politiker zum Fürchten, der zugleich so sehr ausstrahlte, dass man sich bei ihm eben vor nichts zu fürchten habe, vor keiner Übertreibung, keiner Aufwallung des Irrationalen. Endlich konnte man gegen die Ausländer sein, ohne dass einem das peinlich sein musste.

Es gibt diese Ereignisse, die lange vor ihrem Eintritt schon ihre Schatten vorauswerfen. Ein Zeitgeist, der sich dann seine Verkörperung sucht. Eine leere Hülle wie Sebastian Kurz ist dafür eine ideale Figur, einer, der auf dem Zeitgeist surft, ihn damit aber auch bestärkt. Er ist zugleich die Marionette sozialer Prozesse wie er deren Verkörperung ist – und auch der Brandbeschleuniger. Wie man im Privatleben unterscheidet zwischen dem, was ein Mensch von sich meint und sagt und dem, was er wirklich ist und tut, so muss man historische Prozesse und soziale Verschiebungen, die Politiker und Parteien und Mehrheitsbildungen, in denen sie sich verkörpern, von dem unterscheiden, was diese agierenden Personen von sich selbst fantasieren. Sebastian Kurz verkörpert die Kapitulation der Bürgerlichkeit und ihrer Werte – Anstand, Höflichkeit, Moral, Tugend, Liberalität, Verantwortungsgefühl, zumindest minimale Wahrhaftigkeit und christliche Barmherzigkeit vor einer autoritären Hartleibigkeit. Er ist das Geschöpf einer Zeit, in der die Welt als Kampf aller gegen alle empfunden wird und noch der hilfsbedürftigste arme Schlucker als Konkurrent um knapper werdende Ressourcen – einer Zeit, in der die Gemeinheit und Fiesheit einen leichten Stand hat. Und in der, umgekehrt, Solidarität, das schlichte Humanitäre, die leise Stimme der Vernunft und Rationalität, aber auch ein Geist des Fortschritts, der Verbesserungen für alle für möglich hält, einen schweren Stand hat. Gerade weil Kurz ohne jedes Eigene und ohne (Vor-)Leben ist, kann er zur idealtypischen Verkörperung eines solchen Zeitgeists werden, und umgekehrt wird so dieses Idealtypische zu seinem eigentlichen Eigenen.

Indem er keinen anderen erkennbaren politischen Willen hat als den, die Verkörperung des Zeitgeists zu sein, was nur ein anderes Wort für den Willen ist, an die Macht zu kommen und dort zu bleiben, verkörpert er in mehr als einem Wortsinn die Herrschaft der Niedertracht, völlig unabhängig davon, welche Illusionen er sich über sich selbst und seine Rolle zurechtlegen mag. Gestützt auf einen Klüngel moralbefreiter Prätorianer und reicher Gönner etabliert er eine Herrschaft, die die ökonomischen Privilegien einer kleinen Minderheit absichert und ausbaut und sich zugleich auf einen diskursiv erfundenen

Volkswillen beruft, er nützt die rechtsradikale Radaupolitik als Hebel und unterwirft sich ihr im selben Moment, sichert sich aber zugleich in diesem Deal die führende Rolle. Er entmachtet die bisherigen Netzwerke, sodass spitze Zungen heute sagen, dass die ÖVP, die Österreichische Volkspartei, ja im Grunde an dieser Regierung gar nicht beteiligt sei, aber es ist eine Entmachtung, die diesem Spinnennetz gerade seine Privilegien garantiert. Wie der Fürst Tancredi in Lampedusas »Gattopardo« sagt er den ermatteten Etablierten und ängstlichen Korruptionisten des Ancien Régime: »Wenn wir wollen, dass alles bleibt, wie es ist, dann ist nötig, dass alles sich verändert.« Er kopiert die Anti-Establishment-Diskurse, um die Herrschaft des Establishments, das ihn trägt, abzusichern, er holt sich von diesem aber zugleich eine Carte blanche, freie Hand, weil nur er der Kamarilla der Situierten, Gutvernetzten, den Gewitzten und Champagnisierern, den Kammer- und Hofräten, den Oligarchen und Kartellbrüdern ihre Vorrechte garantieren kann. Die Bourgeoisie hat nichts zu verlieren als ihr Geld. Indem er den Rechtsradikalen ihr Programm stahl, blockierte er ihren

Aufstieg, aber indem er es tat, verschaffte er auch ihrer Politik eine Hegemonie von bis zu sechzig Prozent bei den Wahlen. Indem er sie dadurch besiegte, dass er sie kopierte, lieferte er das Land ihrem Geist aus und machte sich zum Gesicht des autoritären Nationalismus, egal welche rosig gefärbte Geschichte sich dieser Meister der Ränke, Schliche und der pfiffig-schlauen Drehungen im Stillen über sich selbst wahrscheinlich erzählen wird. Es brauchte ihn nicht, um die Herrschaft der Niedertracht endgültig und vollends zu etablieren.

Aber es brauchte einen wie ihn.

3
SCHLEICHENDER STAATSSTREICH

Der neue Autoritarismus an der Macht

In der politischen Literatur charakterisierte man früher jene Teile der Deklassierten, die jedem Milizenanführer oder Warlord nachliefen, die jedem dahergelaufenen starken Mann zujubelten, jeden Radau begrüßten, die kein Pogrom ausließen, ihre Hetz haben wollten, die Spieler, Trinker, Gaukler, Taschendiebe, Tagelöhner und Tagediebe mit dem Begriff des »Lumpenproletariats«; etwas weniger üblich ist es, jene Teile der gutbürgerlichen Milieus, die besonders gerne nach unten treten und denen die Habenichtse und Nichtbetuchten allein als Objekt der Verachtung gelten, als »Lumpenbourgeoisie« zu bezeichnen. Diese Art von Bürgerlichkeit »ist in keinem Lande erfreulich«, wusste schon der große Kurt Tucholsky. »Es scheint, daß gerade diese Vermögens- und Erwerbsspähre eine Geisteshaltung bedingt, die platt macht und hart, chauvinistisch aus Angst, herzlos aus Mangel an Horizont und roh aus Phantasielosigkeit.«

Mögen sie sich äußerlich auch unterscheiden, so geben Lumpenbourgeoisie und Lumpenproletariat seit eh und je ein ganz passables Pärchen ab, und wann immer in der Geschichte sie Hand in Hand spazierten, ging es eher übel aus.

Gewiss: Im Palast denkt man anders als in der Hütte, in der Villa anders als in der Mietskaserne. Oberflächliche Kommentatoren äußern gerne die Ansicht, dass die konservative Volkspartei, die im Grunde seit jeher eine Partei der ökonomisch Erfolgreichen, der lokalen Honoratioren und der Geldleute ist, nicht gut mit den rechtsradikalen Freiheitlichen zusammenpasst. Denn Letztere lenken schließlich die Wut der Unterprivilegierten auf ihre Mühlen, genauso wie die Abstiegsängste der unteren Mittelschichten. Sie vermarkten sich gerne als »soziale Heimatpartei«, als Partei »der kleinen Leute«. Gerne wird auch noch hinzugefügt, dass die Deklassierten genauso wie die unteren Mittelschichten und die mittleren Mittelschichten doch eigentlich gegen ihre »materiellen Interessen« stimmen, wenn sie für Konservative und Rechtsradikale votieren. Manchmal wird auch noch angemerkt, dass damit gerade jene, die von zunehmender Unsicherheit im Leben befallen sind, nur eine Verschärfung »neoliberaler« Gierpolitik begünstigen, was ja eine Art perverser Revolte ist, eine Revolte nämlich, die die Umstände, gegen die revoltiert wird, noch zuspitzt.

All das ist nicht falsch. Es ist sogar richtig. Aber es greift doch viel zu kurz.

Gewiss, diese Mischung aus Neoliberalismus, Globalisierung und technologischem Wandel hat eindeutige ökonomische Auswirkungen: Wachstum der Ungleichheiten, Reallohnverluste in den unteren Einkommenssegmenten, schwindende Lebenschancen, Konkurrenz um knappe Ressourcen, Abstiegsangst, Verdrängungsprozesse, ein angespannter Wohnungsmarkt und vieles mehr. Die Reichen werden reicher, die Armen werden ärmer, und alle anderen müssen strampeln, um ihren Status zu verteidigen. Aber mit diesen ökonomischen Verschärfungen gehen mentale Verunsicherungen und ideologische Veränderungen in der Selbstwahrnehmung von Individuen und Gesellschaft einher.

Der Boden, auf dem wir alle agieren, schwankt mehr und mehr. Man empfindet die Gesellschaft zunehmend als befristet. Befristeter Arbeitsvertrag, befristeter Mietvertrag, aber auch soziale Verbindungen sind befristet, von den Freundschaften und den Kollegenkreisen bis hin zur Lebensabschnittspartnerschaft, die die vorausgesetzte Befristetheit schon im Namen trägt. Unsicherheit wird endemisch, der Absturz jederzeit möglich, auch für die, die noch in Wohlstand leben. Die Idee des Individualismus, wie sie sich in den letzten Jahrzehnten durchsetzte, begünstigte und feierte den Riss aller sozialen Bande. Der Einzelne, die Einzelne, muss als etwas Besonderes erscheinen, sie müssen ihre Besonderheit stets herausstreichen, ein Posertum, das eine Kultur permanenten Wettbewerbs etabliert. In dieser »Gesellschaft der Singularitäten«, wie das der deutsche Soziologe Andreas Reckwitz nennt, läuft jeder für sich, und das heißt so viel wie jeder gegen jeden. In dieser Erfolgsgesellschaft rennt eben jeder seinen täglichen Marathonsprint für den Erfolg, aber zugleich auch den täglichen Lauf gegen den Misserfolg.

Der Sozialstaat wird zurückgebaut, auf seine untersten Sicherungsnetze will sowieso niemand angewiesen sein, denn darauf angewiesen zu sein, würde schon bedeuten, im Rattenrennen um Status und Wohlfahrt verloren zu haben. So wird auch der Angsthemmer Sozialstaat durch den Angsttreiber »individuelles Risikomanagement« ersetzt. Stets hängt alles vom Einzelnen ab, dass der keine Fehler macht, Gefahren frühzeitig erkennt, vorausblickend in sich selbst investiert, seine Kompetenzen aktiv sichert, Rücklagen bildet und ja nicht ausschert. Dieser Einzelne weiß, wenn es nicht rund läuft, ist niemand anderer schuld als er selbst. Das neoliberale Selbst weiß stets, dass der Boden, auf dem sein Hamsterrad steht, wankend ist. Es ist ein Ich, das von der Angst gebeutelt ist. »Eine Politik der Härte ›verschlankt‹ den Staat, ›vermarktet‹ die Gesellschaft und ›ermächtigt‹ das Individuum. Dies ist jedenfalls ihre Grammatik« (Wolfgang Fach), eine »Grammatik der Härte«.

Aber es ist natürlich nicht nur die Sprache, es sind der Erfahrungen von zwanzig Jahren neoliberaler Verschärfung, die Abstiegsangst zu einer toxischen politischen Emotion gemacht haben. Ein kluger Arbeiter hat einmal zu mir gesagt: »Die Sozialdemokratie war ungeheuer erfolgreich, den einfachen Leuten Wohlstand zu schaffen. Aber sie ist gescheitert daran, ihnen das Gefühl zu geben, dass dieser Wohlstand sicher ist.«

»Angst erschöpft«, formuliert der Soziologe Heinz Bude, der vor einiger Zeit ein ganzes Buch über diese neue Angst geschrieben hat mit dem Titel: »Gesellschaft der Angst«. Neid, permanente Aufmerksamkeit auf die Erfolge der anderen, der stete Vergleich mit dem Nachbarn, hinter all dem verberge sich, so Bude, »die tiefe Angst, nicht mithalten zu können, außen vor zu bleiben und allein als der Düpierte übrig zu bleiben … Den Erfolgreichen bleibt der Erfolg so lange treu, wie sie den Eindruck des Erfolgs zu vermitteln vermögen. Die Siegesgewissheit räumt alle Zweifel aus dem Weg.« Die Gesellschaft der radikalen Individualisierung und »Flexibilisierung« ist eine Gesellschaft, in der Unsicherheit endemisch wird, und ihre paradigmatischen Gestalten sind die »Schnellen und Gewitzten, …. Ausgeschlafenen und Abgebrühten, Vorsichtigen, Schreckhaften, Erschöpften, Verwundeten.« Und Bude weiter: »Man fühlt sich gehetzt, getrieben und angegriffen. Alles wirkt stumpf, matt und reizlos. Man wacht morgens wie gerädert auf, als habe man nicht geschlafen. Der Rest des Ichs, das den Kaffee macht und den Rechner hochfährt, schafft es nicht, sich gegen den selbstzerstörerischen Hang zu wehren, alles infrage zu stellen ... Warum um Himmels willen läuft immer alles so schief?«

Insofern ist der Gegner der liberalen Demokratie womöglich nicht der rechte Autoritarismus, sondern diese Angst. Unser Gegner ist die Angst.

Wie jede Ideologie erscheint diese Ego-Grammatik denen, die unter ihrer Dominanz leben, als »natürlich«, als »selbstverständlich«, und auch wenn sie den Einzelnen knechtet, wirkt sie nicht nur repressiv, sie ist auch etwas, was den Subjekten »Spaß macht«, sie kann nur herrschen, weil die Einzelnen freiwillig mitmachen und sich auch noch einbilden, das gerne zu tun. Die Idee des Individualismus, mit der sie sich verbunden hat, hat ja auch genug betörende Versprechen: dass jeder sein Ding machen kann, seine Anlagen und Talente entwickeln, nach seiner eigenen Fasson glücklich (und unglücklich) werden kann, es zu Wohlstand bringen kann et cetera …

Es ist dies eine Welt, die dem Geldverdiener gleichsam eine Philosophie nahelegt: Reichtum ist verdient, Armut ebenso, und sowieso ist jeder ganz individuell seines Glückes – oder Unglücks – Schmied. Wer nicht mitrennt oder auch nur stolpert, der ist ein »Durchschummler«, wie das in der Sprache der Wiener Koalitionäre heißt. Im Jargon der Sozialwissenschaft nennt man das »Rohe Bürgerlichkeit«. Es ist die Gefühlsrohheit, der sadistisch-masochistische Gemütszustand des Kleinstbürgers, der stets von der Angst zerfressen ist, irgendjemand könnte einen Vorteil erlangen, den er nicht ergattert – denn das einzige Mitleid, zu dem er fähig ist, ist das Selbstmitleid, die einzige Emphase die Einfühlung in sich selbst. Spießernaturen, deren sittliches Fassadenwerk beim ersten kleinen Sturm schon zu bröckeln beginnt.

Die Sprache von Erfolg und Scheitern ist eine Sprache des Unmoralischen, aber zugleich eine extrem moralische Sprache. Es ist ja gerade eben nicht so, dass der Erfolg Erfolg ist und der geringere Erfolg eben geringerer Erfolg und das Scheitern eben ein Pech. Es ist ja eben nicht eine Sprache, die das Spiel von Glück und Pech im Leben nüchtern in Bilanz bringt wie Gewinne und Verluste nach einem Abend am Roulettetisch. Denn sofort werden mit diesen Positionierungen in der zeitgenössischen Ranking-Gesellschaft moralische Beurteilungen verbunden und nachgeschoben. Der Erfolgreiche ist nicht nur erfolgreich, er ist gewissermaßen ein besserer, wertvollerer Mensch. Der Loser hat nicht nur Pech, er ist auch noch ein schlechterer Mensch. Wer nicht erfolgreich ist, war einfach nicht diszipliniert genug, er besitzt also keine moralische Stärke. Ausnahmen macht diese konservative Rohheit nur bei Gestrauchelten ihrer eigenen Klasse, bei den Bankrotteuren, den erwischten Betrügern und aufgeflogenen Korruptionisten, auf die sich ihr Mitleid beschränkt.

Dem Erfolglosen dagegen wird die Rolle des Gescheiterten zugeteilt, ein Gescheiterter auf allen Ebenen. Er ist auch als Individuum gescheitert, das abschätzige Blicke verdient. So wird in dieser Sprachwelt der Rohheit ein Kampf aller gegen alle etabliert, und wer nur halb unten ist, der tritt nach ganz unten, der strampelt gegen den Abstieg. Muss sich abgrenzen nach unten. Nach unten, wo die Schamzone ist. Ja, Scham. Wer arm ist, schämt sich. Wer nicht so erfolgreich ist, dem wird antrainiert, es sich selbst zuzuschreiben und damit zu schweigen über die Quelle seiner Scham. Arm sein, oder nur einkommensarm sein, heißt daher nicht nur, materiell Mangel zu leiden; wer von Armut heimgesucht wird – ja es ist eine Heimsuchung –, kommt in eine Spirale deprimierender Hoffnungslosigkeit hinein: Es saugt einem die Energie aus dem Leib wie ein Dementor und wirft einen in einen Zustand der Sprachlosigkeit.

In einer solchen Gesellschaft darf der Arme aber nicht auf die Solidarität des weniger Armen bauen. Jeder weiß, dass die Chancengleichheit, die hier gefeiert wird, die Chancengleichheit eines Gladiatorenkampfes ist. In einer solchen Gesellschaft ist jeder sich selbst am nächsten, der Alltagsdarwinismus wird vielen Menschen zur zweiten Natur. Diese Ideologie formt das Leben und wird zugleich durch das Leben geformt, so wie der Mensch ein Produkt seiner Umwelt ist und zugleich die Umwelt Produkt der Menschen. Alles, was einer erhält, und seien es nur Brosamen, ist etwas, was mir potenziell vorenthalten wird. Alles, was man jemandem wegnimmt, ist etwas, was ich potenziell erhalten könnte (oder was mir nicht weggenommen werden kann). Es ist diese Kampfesstimmung, die sich in die Gesellschaft hineinfrisst und die von den Demagogen der Ego-Ideologie mit ihrer Fiktion von Freiheit (»Eigenverantwortung«) aufgehübscht wird wie ein abgetakelter Playboy, der sich, schon krumm, runzlig und impotent, immer noch verzweifelt zurechtmacht.

Die Kurz-Strache-Regierung ist die Verkörperung dieses Geistes, dieser Gefühlsrohheit. Bei allen Unterschieden in der Wählerschaft (in dem, was man so gerne »Klientel« nennt), so sind sie doch durch diesen Geist verbunden, der in allen »Klientelen« die Gehirne und Herzen vergiftet, sie sind gewissermaßen zwei Erscheinungen der Verlumpung der Seelen. Hat für die FPÖ nur der Österreicher, der sich anstrengt, ein wenig Wohlstand verdient, der ominöse »Anständige« (ein unbestimmter Kreis, aus dem man schnell ausgeschlossen ist), so ist umgekehrt für die ÖVP ein intaktes soziales Netz sowieso im Grunde nichts als ein Anreiz zur Bequemlichkeit, der abmontiert werden muss. Das wird auch noch als moralische Haltung verkauft, da ja der Zugang von sogenannten Faulenzern zu Wohlfahrtsprogrammen deren Faulenzertum, also deren moralische Verlotterung, noch begünstige. Die Wahnidee, dass die Armutsfürsorge eine Verführung zur Faulheit sei und Armut, statt sie zu lindern, sogar erzeuge, gehört schon seit Beginn des 19. Jahrhunderts zum Grundbestand der »Rhetorik der Reaktion« (Albert O. Hirschmann). Im emotionalen Reich dieser Gefühlsrohheit wird das Leid, das anderen zugefügt wird, zum Gerechtigkeitserlebnis, zur Quelle des Lumpenglücks – »neue Fairness« genannt –, und es ist auch genau solches Gerede, das sogar jene, die vom Sicherheitsnetz des Wohlfahrtsstaats profitieren, zu dessen Durchlöcherung applaudieren lässt. Aus dem Lumpengeist folgt direkt die Begeisterung des Schlachtviehs für seine Metzger.

Für den von Arbeitslosigkeit und Abstieg Bedrohten erscheint dann der Arbeitslose als der Gegner, als der, der Zugang zu Ressourcen hat, die ihm nicht zustehen. Deswegen etwa hat die Regierung eine Reihe von Maßnahmen gesetzt oder verabredet, die gerade den Schwächsten Daumenschrauben anlegen sollen. Die Mindestsicherung, also die letzte Ebene im sozialen Netz, wird gekürzt. Die Notstandshilfe, die Arbeitslose nach längerer Zeit in der Arbeitslosigkeit erhalten, soll gänzlich gestrichen werden und durch die Mindestsicherung ersetzt werden. Für die Betroffenen, oft Menschen, die nach vielen Arbeitsjahren ihre Stelle verlieren und als über Fünfzigjährige keine guten Aussichten mehr am Arbeitsmarkt haben, hätte das fatale Auswirkungen. Denn im Unterschied zur Notstandshilfe muss man, um Mindestsicherung beziehen können, zunächst einmal praktisch das gesamte »Vermögen« verwerten. Das heißt also: das Häuschen verkaufen oder das Auto, oder die Lebensversicherung auflösen. Für einen von Abstieg bedrohten ÖVP- oder FPÖ-Wähler kann das im Extremfall schon heißen: Man hat ihm versprochen, man werde weniger Ausländer ins Land lassen (oder die, die hier sind, aus dem Land mobben), aber alles, was es ihm einbrachte, ist, dass ihm Kurz und Strache Eigenheim, Auto und Sparbuch wegnehmen, und hinzu kommt dann auch noch, dass, wer Mindestsicherung bezieht, keine Pensionsansprüche erwirbt, was dann auch noch in einem zweiten Schritt Altersarmut bedeutet. Wäre man schadenfroh, würde man gratulieren. Blöd gelaufen. Selber schuld, kein Mitleid. Aber natürlich ist für Schadenfreude kein Anlass. Denn der harte Wind bei den Arbeitsmarktregeln hat negative Auswirkungen auf alle, nicht nur auf die direkten Opfer der Kürzungspolitik und schon gar nicht nur auf die, die sich das durch Stimmabgabe für die Rechtsradikalen selbst eingebrockt haben. Da alle anderen wissen, dass der Wind rauer wird, haben solche Maßnahmen immer auch »disziplinierende« Wirkung. Je mehr die Menschen Angst vor Arbeitslosigkeit und totalem Absturz haben müssen, umso höher ist der Druck, sich praktisch alles von den Chefs und der Firmenleitung gefallen zu lassen. Man weiß das aus langjähriger Erfahrung und vielen volkswirtschaftlichen Studien: Je höher der Druck auf Arbeitslose ist, umso schneller sinken die Löhne derer, die Beschäftigung haben. Genauso ist das mit einer anderen Maßnahme der Regierung, dem Zwölf-Stunden-Tag. Der ist neuerdings nicht nur im Extremfall möglich, sondern durchaus auch an fünf Tagen in der Woche, wenn für die Firma nötig. Das ergibt eine Sechzig-Stunden-Woche, und es wurden zudem die verpflichtenden Ruhezeiten zwischen den Diensten reduziert. Bei all dem hatten die freiheitlichen Regierungshelden auch noch die Stirn, zu behaupten, der Zwölf-Stunden-Tag sei garantiert nur freiwillig. Dabei weiß jeder, dass man schon bisher gerade in den Branchen des neuen Dienstleistungsproletariats (in Supermärkten, im Post-Shop, allerlei Zustelldiensten, beim Bäcker ums Eck, im Tourismus, am Bau, in Restaurants und so weiter …) faktisch gezwungen war, auf Befehl zehn Stunden zu arbeiten, wenn die Chefs einen dazu verdonnerten – wer nicht spurte, wurde bei der nächstmonatigen Kündigung sogenannter leistungsunwilliger Mitarbeiter ganz persönlich berücksichtigt. Ab nun ist das eben auch beim verdonnerten Zwölf-Stunden-Tag der Fall. Alleinerzieherinnen mit mehr als zwei Kindern wird die Mindestsicherung empfindlich gekürzt, dafür werden die Unternehmen bei der Körperschaftssteuer üppig beschenkt – ein völlig überflüssiges Steuerbonbon für Konzerne im Umfang von rund 1,5 Milliarden Euro. Im Gesundheitssystem wird umgerührt, zunächst einmal, um die eigenen Parteileute in Chefsessel zu hieven, aber auch um in einem zweiten Schritt dann die eigenen Freunderln begünstigen zu können, von den Anbietern teurer unnötiger Beautyindustrie bis zu den Versicherungsgesellschaften, die mit privaten Krankenversicherungen ihre Geschäfte machen. Die Politik für die Reichen und Schönen ist immer auch eine Politik gegen die Armen, die der Verächtlichmachung ausgesetzt werden. Hierfür ist eine Sprache der Verrohung unumgänglich. Am Beginn der Sozialstaatszerschlagung steht immer eine Rhetorik der Diffamierung von »Durchschummlern«, »Sozialschmarotzern« und anderen »Parasiten«, die Unterstellung somit, dass die, die wenig haben, immer noch zu viel haben, nämlich etwas, was ihnen nicht zusteht.

Jede denkbare Sozialmaßnahme, egal welche, wird in einer propagandistischen Operation zu einem Geschenk erklärt, das einen erheblichen Teil der Bezieher nicht zustünde, weshalb die Maßnahme selbst gekürzt oder ganz geschliffen gehört, und auch hier ist das Wunderrezept der türkis-blauen Regierung der Ausländer-Trick.

Er ist einfach und im Grunde leicht zu durchschauen. Worum immer es gehen mag, von der Familienbeihilfe für die Kinder bis zu Trainingsprogrammen des Arbeitsmarktservice, von der Mindestsicherung bis zur Notstandshilfe, immer wird so getan, als käme sie in erheblichem Maße Ausländern zugute, und in nicht zu unterschätzendem Maße auch Ausländern, die erst kurz hier sind (Asylberechtigte!) und die eigentlich gar nicht hier sein sollten (Asylbewerber, deren Fluchtgeschichte suspekt ist!) oder die gar nicht hier sind (die Kinder der rumänischen Pflegerin!). So wird gerne von der Einwanderung ins Sozialsystem schwadroniert und von der Sogwirkung attraktiver Sozialgesetze, obwohl beispielsweise nur zwanzig Prozent der Mindestsicherungsbezieher Asylberechtigte sind, denn Asylbewerber haben ja gar keinen Anspruch auf Mindestsicherung. Dabei wird auch immer ein Gerechtigkeitsprinzip instrumentalisiert, das in unserer Gesellschaft weit verbreitet, aber leicht zu missbrauchen ist, um Menschen gegeneinander aufzuhussen. Das Gerechtigkeitsprinzip der Reziprozität. Man steht als Gemeinschaft füreinander ein, man zahlt ein Leben lang Steuern und Sozialabgaben und dafür stehen einem im Notfall auch Leistungen zu. Dieses Reziprozitätsdenken ist zentral in unseren Gerechtigkeitsgefühlen, nicht nur in ökonomischer Hinsicht. Man sagt ja auch gerne: Behandle jeden so, wie du selbst auch behandelt werden willst – eine Begrifflichkeit, in der schon eine Gegenseitigkeit drinsteckt. Aber das ist eben ein offenes Scheunentor für rechtspopulistische Weltdeutungen, die eine gewisse Überzeugungskraft auch gegenüber Leuten haben, die weder rassistisch noch sonderlich fies sein müssen: Indem man sagt, dass Zuwanderung zugleich »Zuwanderung in den Sozialstaat« ist, also Leute Leistungen in Anspruch nehmen, die nicht ins Reziprozitätsschema passen – sie haben hier noch nie Steuern gezahlt, noch nie ins Sozialsystem eingezahlt, sie sind nicht so richtig ins Netz des Wechselseitigen eingewoben. Diese Gerechtigkeit als Reziprozität ist eine – wenn man das so nennen mag – Norm, die tendenziell auch von Menschen geteilt wird, die keine Anhänger des Rechtspopulismus sind. Aber eben auch besonders leicht instrumentalisierbar für Sündenbock-Propaganda und Neidschüren, denn wenn man damit einmal beginnt, kann man bei jedem etwas finden, das er erhält, was ihm nicht zusteht.

Restriktionen für Zuwanderer, besonders aber für Muslime, härtere Asylgesetze, beginnend mit obligatorischer Bargeldenteignung und bis hin zu Fantasieideen wie nächtlichen Ausgangssperren – mit all dem will man das gammelige Menü dem Volk schmackhaft machen. Man schürt permanente und maximale Erregtheit und Gereiztheit gegen austauschbare Karikaturen (der Sozialschmarotzer, die Mindestsicherungsfamilie im Luxus, der türkische Imam, die Kopftuchträgerin, wer auch immer), um im Hintergrund ungestört das Land kapern und ausplündern zu können.

Auf der Hinterbühne baut man derweil den Staat um. Rechtsradikale sickern in Ministerien und in die Verwaltung ein, Jungpolizisten werden gezielt durch Inserate in rechten Hass- und Fake-News-Postillen angeworben, hohe Staatsrepräsentanten hofieren Kongresse von Hasspredigern und praktisch im Wochentakt fliegt in der FPÖ ein neuer Nazi-Skandal auf. Mit heißer Nadel wird ein neues ORF-Gesetz zusammengeflickt, das wohl noch 2019 den bisher recht eigensinnigen öffentlich-rechtlichen Rundfunk gänzlich an die Kandare zu nehmen versuchen wird, entsprechend dem haarsträubenden Diktum des Aufsichtsratspräsidenten, die Journalisten des Hauses seien »eine Spur unbotmäßig«.

Eine besonders bizarre Figur dieses schleichenden Staatsstreichs ist der Innenminister, Herbert Kickl, gern gesehener Gast bei allen möglichen Hassprediger-Versammlungen. Er sieht ein wenig aus wie ein Volksschullehrer, der Briefmarken sammelt, ein bisschen auch wie eine skurrile Kreuzung aus Harry Potter und Dobby, dem Hauself, in seinen Augen ist aber etwas, was einen den Wunsch hegen lässt, mit dem Herrn dienstlich und zu Kriegszeiten lieber nichts zu tun zu haben.

Sein Versuch, den wichtigsten Geheimdienst des Landes unter seine Kontrolle zu bringen, das Bundesamt für Verfassungsschutz und Terrorismusbekämpfung nämlich, war in seiner Mischung aus krimineller Energie auf der einen und Dilettantismus auf der anderen Seite derart erfolgreich, dass von dem Amt heute praktisch nur mehr rauchende, kokelnde Außenmauern existieren und der Minister eine Staatsaffäre am

Hals hat. Mithilfe des Ministerkabinetts selbst wurden nämlich absurde Zeugen zusammengefangen und eingesammelt, die gegen das Amt und dessen Leiter angebliche Malversationen und unschöne Gerüchte zu berichten wussten. Die Zeugen wurden nicht nur an die Staatsanwaltschaft übermittelt, sondern sogar von Begleitern aus dem Ministerkabinett als Vertrauenspersonen zur Aussage eskortiert, und in einem günstigen Augenblick wurde bei der Justiz in einer Nacht-und-Nebel-Aktion ein Durchsuchungsbeschluss erwirkt, was sogar vom Generalsekretär des Hauses schreiend als Skandal bezeichnet wurde – leider zu spät, man hatte den Herrn natürlich vorsorglich uninformiert gelassen. Als Rollkommando für die Razzia im Verfassungsschutz wurde eine ansonsten mit Straßen- und Drogenkriminalität befasste Einheit ausgewählt, die aus Sicht des Ministeriums offenkundig den Vorteil hatte, dass sie unter dem Befehl eines FPÖ-Politikers und Hardliners steht. Dessen Leute ließen die Dateien und Akten auch bei jener Abteilungsleiterin mitgehen, die den Rechtsextremismus in Österreich überwacht – und damit auch dessen Verästelungen in die FPÖ hinein –, und nicht wenige Kenner der Angelegenheit tippen darauf, dass die Beschlagnahmung dieser Daten einer der eigentlich gewünschten Nebeneffekte der ganzen Aktion war. Der Einsatzleiter des Rollkommandos sorgte hinterher auch noch für Schlagzeilen, nachdem bekannt wurde, dass er rassistische Karikaturen und rechtsradikale Postings auf Facebook geliked und geteilt hat. Eine der Hauptbelastungszeuginnen erweist sich im Untersuchungsausschuss als eine resolut-nervige Botschaftergattin, die sich im Amt gemobbt fühlte, weil immer Radio Niederösterreich lief, und orchestriert wurde diese ganze Staats- und Nebelaktion von jenem neuen Generalsekretär des Ministers, der sich als erste Amtshandlung eine pompöse Fantasieuniform schneidern ließ und jetzt bei Empfängen herumsitzt wie ein Indianerhäuptling bei der Hochzeit. Oder wie Gaddafi, bloß ohne Kamele. Wobei es jetzt immerhin Polizeipferde gibt.

Man kann all die Aktionen, mit denen diese Regierung nur im ersten Jahr ihres Bestehens die Institutionen der pluralistischen Demokratie unterspülte und den Staatsapparat unterwanderte, gar nicht aufzählen. Die *Süddeutsche Zeitung* formulierte in ausgesuchter Nüchternheit: »Jede Woche ein Skandal.«

Das Skript ist sowieso bekannt, aus Ungarn und anderswo. Der neue Autoritarismus zerschlägt nicht die Institutionen der pluralistischen Demokratie, aber er untergräbt sie und besetzt sie mit Parteigängern, Abhängigen und Speichelleckern. Unabhängige Beamte oder auch Verfassungsrichter, also jene Teile des Staatsapparats, die einem beim Regieren lästig werden können, werden gemobbt, eingeschüchtert, langsam ersetzt, dann auch institutionell zu Befehlsempfängern degradiert. Der öffentlich-rechtliche Rundfunk wird mit Paladinen besetzt, die unabhängigen Medien werden zum Teil ins eigene Lager gezogen, sofern sie nicht ohnehin schon längst Sturmgeschütz des Autoritarismus sind wie weite Teile des Boulevards, oder sie werden von Glücksrittern aus dem Regierungsumfeld übernommen. Oder man gründet gleich seine eigenen Fake-News-Schleudern. Was noch übrig ist an regierungskritischer Publizistik wird, sofern man es nicht schafft, sie gänzlich mundtot zu machen, permanent attackiert, marginalisiert, verächtlich gemacht. Kritische NGOs schließlich werden zunächst finanziell ausgetrocknet, ihnen wird der Förderungshahn zugedreht, was schon einmal einen nicht unerheblichen Teil kritischer Milieus zum Verstummen bringt, einen anderen Teil ausreichend einschüchtert, und wo das nicht reicht, werden diese regierungsunabhängigen Institutionen expliziteren Angriffen ausgesetzt.

Dieses Programm hakt der neue Autoritarismus Schritt für Schritt ab. Er hat dafür Zeit. Er braucht nicht den Tag X wie die Putschisten aus früheren Zeiten. Ihm reicht das trockene, langsame Putscherl, bei dem kein Blut, aber viel Tinte und Druckerfarbe vergossen wird. Er weiß, dass man eine Demokratie auch mit kleinen Schritten und auf leisen Sohlen in eine wackelige Fassade ihrer selbst verwandeln kann.

4
ALLES KANN PASSIEREN

Die Demokratie verteidigt man am
einfachsten, solange es sie noch gibt

Es war eine Rede zum Nationalfeiertag, der Präsidentschaftswahlkampf war gerade auch am Höhepunkt, da schwadronierte Heinz-Christian Strache, der heutige Vizekanzler, vom Bürgerkrieg. »Durch den ungebremsten Zustrom von kulturfremden Armutsmigranten, die in unsere Sozialsysteme einsickern«, würde sich viel Wut und Aggression auf allen Seiten aufstauen und dies mache »mittelfristig einen Bürgerkrieg nicht unwahrscheinlich«. Man mag einwenden, der spätere Vizekanzler habe mit dem Bürgerkrieg weder gedroht noch diesen gefordert, sondern vor diesem sogar in gewissem Sinne gewarnt. Nur kann man genauso gut sagen, dass so eine Warnung sich von einer Drohung verdammt schwer unterscheiden lässt, wenn sie aus dem

Munde eines Mannes kommt, dessen Geschäfts-
grundlage das Aufhussen der Bevölkerung ist. Sie
ist eine Art Aufmunterung wie die des Mafiapa-
ten, der warnt, man könne bis nächsten Don-
nerstag erschossen sein, wenn man sich nicht
in Acht nehme und den Forderungen der Cosa
Nostra nachkomme. In so einem Fall würde man
ja auch nicht sagen: »Danke für die liebe Warnung«, sondern diese Warnung klugerweise als
Drohung verstehen.

Jedenfalls ist eine solche Aussage des – damals noch – Oppositionsführers keine sachliche
Analyse. Sie ist zunächst einmal eine Verschärfung des Diskurses. Während die Konservativen
immer mehr vom »Notstand« schwadronierten
(ein Notstand, für den es nirgendwo äußere An-
zeichen gab), so musste Strache einfach drauf-
satteln. Da er von der Verunsicherung der Bevölkerung ebenso lebt wie von der Verschärfung
der Diskurse, musste er einfach den Lautsprecher
schriller drehen, um in dieser Debattenordnung
noch unverwechselbar zu bleiben.

Es kommt aber bei diesem Gerede noch etwas
dazu: Diese Angstlust vor dem Bürgerkrieg. Diese Geilheit nach Gewalt, die stets verbunden ist

mit totaler Angst, einer Angst, die zugleich einen wohligen Schauer auslöst. Ich musste damals sofort an ein kleines Büchlein von Hans Magnus Enzensberger aus dem Jahr 1993 denken: »Aussichten auf den Bürgerkrieg«. Enzensberger beschreibt darin, ausgehend von den Bürgerkriegen vom Balkan bis Somalia und Sierra Leone, wie auch unsere Gesellschaften von innen heraus zerfallen. Dass sie nichts mehr zusammenhält, keine Konvention, kein Konsens, und sich die Menschen in Gangs, Gruppen, Clans, Familien, in Milieus, Submilieus und Cliquen abkapseln. Und dann in der Folge ein, wie er es nennt, »molekularer Bürgerkrieg« tobt, in dem es gar keine echten Armeen gibt und keine weltanschaulichen oder ideologischen Motive mehr, sondern nur mehr die reine Gewalt. Also: Desintegration der Gesellschaft, endemische Gewalt, molekularer Bürgerkrieg. Aber hinter der vorgespielten Nüchternheit, wie hier von Enzensberger diagnostiziert, steht immer auch eine Art paranoide Sehnsucht danach, dass die Gewalt ausbreche, dass sie einbreche in unser Leben, dass diese wohlige, fade, bürgerliche Ordnung untergehe, dass die Barbaren die gepflegten und geschrubbten Vorgärten umholzen und in Trümmer legen, dass das Elementare einbreche in die Langeweile des hergebrachten »Systems«. Es gibt diesen unschönen Zug unter Menschen, eine in Routine erstarrte Welt gerne in Trümmer zu schlagen, und sei es bloß, damit sich einmal etwas tut. Von dieser Sehnsucht lebt der radikale rechte Neokonservativismus seit jeher.

Wollte der frühere, der normale Konservativismus bewahren, so sieht der heutige radikale Konservativismus in einer als dekadent empfundenen Welt nichts mehr, was bewahrenswert wäre. So wird er selbst revolutionär. Das war seit gut einem Jahrhundert der Grund, warum selbstradikalisierte Konservative sich Rechtsradikalen annäherten, von diesen nur mehr schwer unterscheidbar wurden und sich sogar mit Faschisten und Nazis verbündeten. Der Kampfbegriff dieser autoritären Strömungen, die insbesondere in der Weimarer Republik die Demokratie unterminierten, war der der »konservativen Revolution«, ein Slogan, der heute wieder populär wird, sogar bis weit in die deutschen Unionsparteien hinein.

»Auf die linke Revolution der Eliten folgt eine konservative Revolution der Bürger«, meinte unlängst beispielsweise Alexander Dobrindt, Chef der CSU im deutschen Bundestag. »Wir unterstützen diese Revolution und sind ihre Stimme in der Politik.«

Wie viele andere »konservative Revolutionäre« auch sieht Dobrindt das Jahr 1968 als Sündenfall, letztlich geht es im antiliberalen Furor der neuen Rechten gegen die gesamte Moderne. Herbert Kickl, Rechtsaußen der Kurz-Strache-Regierung und von gescheiterter Ausbildung her ein Philosoph ohne Œuvre, sieht sogar den eigentlichen Geist der neuen Herrschaftsform darin, ein Gegenprojekt zu 1968 zu sein. Kickl: »Die Achtundsechziger versuchten, im Namen des Fortschritts zerstörerisch zu wirken. Wenn ich nur an das Aushöhlen der staatlichen Identität oder der Identität des Familienverbundes denke. Diese Regierung steht für einen offensiven Gegenentwurf. Die Thesen der Achtundsechziger haben sich als falsch herausgestellt. Das Bedürfnis nach Orientierung, Geborgenheit und Heimat wird von uns wieder in ein positives Licht gerückt.«

Neues zu wollen, ist veraltet. Neu ist, Altes zu wollen.

Man sieht sofort: 1968 wird hier einfach als Chiffre für jede politische und kulturelle Modernisierung seit den fünfziger und sechziger Jahren genommen. Die Uhr soll zurückgedreht werden, mindestens in die fünfziger Jahre, in die Zeit der Geborgenheit und Heimatfilme, die Zeit des autoritären Konformismus, von Mief und Tracht, von Dirndl und Niedertrachtenjanker. Alle gesellschaftlichen Modernisierungen, die ja viel mehr sind als nur politische Veränderungen, sondern mehr noch lebenskulturelle Lockerungsübungen, sie alle werden abgelehnt – und zwar aggressiv. Frauenemanzipation, Schwule und Lesben, die sich nicht mehr in Kellerlokalen verstecken müssen, sondern sichtbar sind, Pluralisierung von Gesellschaften, die Auflösung eines konventionellen Mainstreams, die Entstehung unterschiedlicher Lebensstile, die nebeneinander existieren, das Aufkommen eines Geistes des Leben-und-leben-Lassen – all das steht für den Geist von 1968, hinter den die Uhr wieder zurückgedreht werden soll.

In diesem Hass auf die gesellschaftliche Moderne zeigt sich die ganze Trostlosigkeit der Neuen Rechten. Ihr Hadern mit der Welt. Ihr

Hadern mit der Wirklichkeit. Ihr Aufstand gegen die Realität, gegen das Zeitgenössische und gegen die Zukunft, ihre Verklärung einer Vergangenheit, die es ohnehin nie wirklich so gab, wie sie sie imaginieren. »Die sexuelle Freizügigkeit und die antiautoritäre Erziehung seit den sechziger Jahren, der unaufhaltsame Aufstieg des Feminismus und die Eroberung der Kulturbühnen, aber auch der Straßen der Metropolen durch die Homosexuellen« seien Teufelszeug, so der konservative deutsche Universitätsprofessor Norbert Bolz. »Dazu gehören aber auch die enorm erweiterten wohlfahrtsstaatlichen Maßnahmen – und die Erfindung der Pille.« All das trage entscheidend zur Auflösung von Familie und traditioneller Moral bei. Bolz: »Wenn die emanzipierten Frauen heute also kein Sexualobjekt mehr sein wollen, könnte ein unbefangener Beobachter fragen: was sonst?«

Zugleich ist die Zeit, für die »Neunzehnachtundsechzig« als Chiffre steht, die sechziger Jahre, auch verbunden mit breiten gesellschaftlichen Bewegungen für Befreiung, politische, aber auch weit über den eigentlichen Bereich des Politischen hinausgehende Bewegungen: Befreiung von Lebensstilen, Erkundung des Neuen, Befreiung aus den Klammern einer überkommenen Sexualmoral, Befreiung in der Erziehung, weg von Systemen von Kommando, Befehl und Gehorsam, weg von Systemen, die Menschen brechen; aber auch eine Befreiung in der Kunst, für Avantgarde, das Antiautoritäre. Für einen Schwung der Erneuerung. Und der Schwung dieser Jahre ist das eigentliche Trauma der Reaktionäre, weil sie die Erfahrung machten, wie sehr sie das ins Eck drängte. Sie haben alles Moderne gehasst. Aber noch mehr gehasst haben sie, dass sie für einige Jahre, ja Jahrzehnte auf verlorenem Posten standen.

Es ist diese Moderne, die sie hassen, und es ist dieses Gefühl, ins Abseits zu geraten, das sie hassen.

Man muss sich in die Wortführer des autoritären Nationalismus in Europa gar nicht mit besonders viel hermeneutischem Feingefühl hineinversetzen – sie legen ihre Absichten sowieso offen. Wie etwa Viktor Orbán, der schon früh bekundete, dass das Flüchtlingsthema und dessen Instrumentalisierung »für die christlich-nationale Ideologie, für unser Denken, die Gelegenheit bietet, wieder die Dominanz zu gewinnen – nicht nur in Ungarn, sondern in ganz Europa«. Jeder einzelne Ausländer ist für ihn nichts anderes als ein Sack, auf den er draufhauen kann wie der Demagoge auf die Propagandatrommel. Orbán hat das in einer großen programmatischen Rede vor Parteigängern ausgeführt und weiter gesagt, dass der Kampf dem liberalen Europa gelte, und mit liberal meint er in dem Fall das Europa der Heterogenität, der Buntheit, der Kampf gelte der, wie er das nennt, »Ideologie der Menschenrechte«. Einer Ideologie, der – aus seiner Sicht – auch die meisten Konservativen in Europa erlegen seien. Diese Konservativen hätten vor dem Mainstream des Liberalismus kapituliert und seien damit Hindernisse für die christlich-nationale Revolution, die er für Europa will. Man muss sich nur hineindenken in diese Logik, dann ist das auf der rechtsradikalen Seite genauso wie bei superradikalen Linken, die moderaten Linken, etwa den Sozialdemokraten oder Grünen, vorwerfen, sie seien dem Neoliberalismus erlegen. Für Orbán ist es deswegen auch nicht damit getan, Ungarn auf den Kurs einer radikalen rechten »illiberalen Demokratie« zu zwingen, er

will auch die anderen europäischen Länder destabilisieren und die – aus seiner Sicht – zu liberal
und moderat gewordenen Konservativen wieder
auf national-autoritäre Werte verpflichten, auf
Religion, Tradition, homogene Nationalstaaten,
eine Leitkultur, von der niemand abweichen darf
und auf ein Regime, das Wortmeldungen, die
Multikulturalität, Liberalität und Buntheit verteidigen, wenn irgendwie möglich unterdrückt.

Orbán war damit der erste autoritär-nationa-
listische Regierungschef in Europa, der direkt
und planmäßig versucht, die Regierungssysteme
anderer europäischer Länder zu destabilisieren –
gewissermaßen der erste rechte Weltrevolutio-
när in der Europäischen Union. So eine Art Leo
Trotzki des Rechtsradikalismus, was mehr ist als
ein Bonmont, denn einen solchen haben sich die
Vordenker der nationalistischen Revolution immer gewünscht. Man erinnere sich nur an den
Briefwechsel der beiden alten Haudegen des intel-
lektuellen Rechtsradikalismus, Ernst Jünger und
Carl Schmitt – Jünger, der national-revolutionä-
re Schriftsteller, und Schmitt, der Kronjurist des
»Dritten Reiches«. Im Mai 1981 schrieb Jünger an
Schmitt den Satz: »Uns hat ein Trotzki gefehlt.«

Auch die rechtsradikalen Umsturzträumer von der deutschen AfD machen keinen Hehl aus ihren Absichten. Die ultranationalistische, demokratiefeindliche Parteigruppe »Der Flügel« kann bei Parteitagen immerhin vierzig Prozent der Delegierten hinter sich versammeln und ist somit die stärkste der verschiedenen Gruppen in der Partei. Ihr Anführer Björn Höcke macht aus seinem Herzen keine Mördergrube. Deutschland drohe der »Volkstod«, sagte er in einem Interview. Der nationale Widerstand, so Höcke, solle sich angesichts seiner Schwäche zunächst mit der Etablierung »gallischer Dörfer« befassen, vor allem in Ostdeutschland, denn dort sei »noch großes Potential vorhanden«, um »das inhumane Projekt einer Migrationsgesellschaft zu stoppen«. Aus diesen »Keimzellen des Volkes« heraus soll die Machtübernahme betrieben werden, also der Umschwung. »In der erhofften Wendephase stünden uns harte Zeiten bevor, denn umso länger der Patient die drängende Operation verweigert, desto härter werden zwangsläufig die erforderlichen Schnitte werden … Eine neue politische Führung wird dann schwere moralische Spannungen auszuhalten haben (…), die ihrem eigentlichen moralischen Empfinden zuwiderlaufen.« Sowohl die politischen Gegner als auch die völkisch Fremden könnten aber in diesem Prozess einer ethnischen Säuberung nicht geschont werden. »Menschliche Härten« und »wohltemperierte Grausamkeit« seien nun leider nicht zu vermeiden. Höcke: »Mit deutscher Unbedingtheit« sei »die Sache gründlich und grundsätzlich anzupacken«, denn »wenn einmal die Wendezeit gekommen ist, dann machen wir Deutschen keine halben Sachen.«

Der Schriftsteller Doron Rabinovici und der Journalist Florian Klenk haben das Verdienst, sich durch viele Reden der rechtsradikalen Frontleute in Europa durchgeackert und diese für einen Theaterabend ohne viele Kommentare aneinander montiert zu haben – Reden von Strache, von Kickl, des italienischen Vizepremiers und Faschistenführers Matteo Salvini, von Orbán oder auch des polnischen PiS-Anführers Jarosław Kaczyński. Liest man diese Reden und Texte, stellt man schnell fest: Sie verbergen ihre Absichten kaum mehr.

»Wir brauchen eine Massenreinigung, Straße für Straße, Piazza um Piazza, Nachbarschaft für

Nachbarschaft«, verkündet etwa Salvini. Und: »Wir müssen hart sein, denn es gibt ganze Teile unserer Städte, ganz Italien, die außer Kontrolle sind. (…) Sobald wir die Regierung bilden, wird die Polizei freie Hand beim Säubern der Stadt haben. Die unsere wird eine ethnisch kontrollierte und finanzierte Säuberung sein, dieselbe, die gerade die Italiener erleiden, die von den Illegalen unterdrückt werden. (…) Ich würde gerne das Strafgesetz ändern: Es ist kein Verbrechen, wenn du einen Zigeuner, der klaut, verprügelst. Seid ihr auf meiner Seite?«

Das multikulturelle Europa, das von den liberalen Eliten und den mit ihnen kollaborierenden Konservativen errichtet würde, ist in den Augen von Viktor Orbán eine Art Königreich, jedenfalls ein gegen den Willen des normalen Volkes errichtetes Regime. »Dort, wo man ein Königreich errichtet, gibt es im Hintergrund selbstverständlich auch immer Königsmacher. In der Geschichte waren dies häufig extrem reiche, mächtige und einflussreiche Personen, die aufgrund ihres Reichtums in der Regel auch von einem Gefühl der Überlegenheit erfüllt waren. (…) Auch derzeit befindet sich im Hintergrund

ein entschlossener und erfolgreicher Finanz-
mann, der sich selbst als wesentlich überlegen
betrachtet. Und welch ein Malheur, es handelt
sich ausgerechnet um einen Ungarn mit dem
Namen György Soros. (…) Damit Europa leben kann und Europa das Europa der Europäer
bleibt, muss die Europäische Union zuerst ihre
Souveränität gegenüber dem Soros-Imperium
zurückgewinnen. (…) Auf diesem Schlachtfeld
kämpfen heute die mitteleuropäischen Länder.«
Dass der Jude Soros an der multikulturellen
Umvolkung, an der Zerstörung der homogenen
ethnischen Identität der europäischen Völker ar-
beite, diese Wahnvorstellung gehört zum Grundbestand der rechtsradikalen Paranoia. Dabei
hatte Orbán Soros gezielt als Teufel aufgebaut –
weil er einen Gegner für seine Angstkampagnen
brauchte, nachdem er die innerungarische Opposition an die Wand gedrängt hatte. Die An-
ti-Soros-Kampagne hatten zwei – ironischerweise
jüdische – amerikanische Profis für Dreckskam-
pagnen ausgeheckt, die Orbán vom israelischen
Rechtspremier Benjamin Netanjahu empfohlen
wurden. »Soros war der perfekte Gegner«, wurde
einer der beiden PR-Spezialisten zitiert, der die

Ursprünge der Kampagne in einem Schweizer Magazin offengelegt hatte. Auch die FPÖ-Anführer verbreiten dieses Märchen, und werden sie zur Rede gestellt, dann erwidern sie, wie der Fraktionschef im Parlament, Johann Gudenus, es gebe für die antisemitische Legende immerhin »stichhaltige Gerüchte«.

Das Programm der Ultranationalisten ist eines der ethnischen Säuberung, auch wenn in einem ersten Schritt (heute) noch zwischen guten, angepassten Zuwanderern und integrationsunwilligen Muslimen unterschieden wird, denn, so Orbán: »Die Wahrheit ist aber, dass wir keine erfolgreiche Integration kennen.«

Man fühlt Oberwasser, was eben auch dazu führt, dass der heutige Rechtsradikalismus sich nicht mehr, wie noch der von Jean-Marie Le Pen oder Jörg Haider als reines Projekt zur Wiederherstellung nationaler Autarkie betrachtet, sondern auf seine Art »internationalistisch« geworden ist. Im Unterschied zum Nationalismus vor zehn oder zwanzig Jahren, dessen größte Fantasie die Idee war, sich von »Brüssel« oder »Europa« nichts dreinreden zu lassen, will man jetzt selbst in Europa die Macht übernehmen.

Salvini: »Obwohl die Medienpropaganda, wie in den USA und in Großbritannien, versucht, die Stimme des Volkes als Ausdruck einer Mehrheit von Verlierern darzustellen, von minderwertigen und ungebildeten Leuten, die zu einfach sind, um die unschätzbaren Vorteile der Politik zu verstehen, die uns von den Finanzeliten auferlegt werden, entsteht ein neues Bewusstsein aus der Asche des Desasters auf … Es leben die Populisten, es leben die Nationalisten.« Für Orbán ist der Feind nicht mehr im Inland, da glaubt er die Kräfte von Pluralismus und Demokratie schon besiegt, allein noch im Ausland ortet er Widerstandsnester: »Und schließlich muss ich Ihnen auch offen einige Sätze über unsere Gegner sagen, weil unsere wirklichen Gegner werden jetzt nicht die ungarischen Oppositionsparteien sein. (…) Die Situation ist die, dass wir in der vor uns stehenden Kampagne in erster Linie gegenüber den äußeren Kräften bestehen müssen. Die Methoden kennen wir.«

An anderer Stelle sagt Orbán: »Zum Schluss möchte ich Ihnen im Hinblick auf die Zukunft einen Satz sagen, der von einem so hohen Amtsträger vielleicht etwas dürftig erscheinen mag. Das Wesen der Zukunft ist Folgendes: Alles kann passieren. Und ›alles‹ ist ziemlich schwer zu definieren.«

»Der blanke Hass ist zu hören«, resümiert Florian Klenk dieses gesammelte Gestammle. »Gemeinheiten werden salonfähig. Der Zynismus gegenüber jenen ganz unten wird zum Parteiprogramm. Die Rechten treten nach unten. Gewaltbereitschaft gegenüber Minderheiten und die Verachtung gegenüber jenen, die anders denken, werden geschürt. (…) Die öffentliche Rede wird derweil durch Propaganda ersetzt. In ganz Europa schaffen sich Rechtspopulisten ihre Medienimperien. Sie bombardieren die sozialen Netzwerke mit erfundenen Nachrichten, Trollarmeen posten Horrorbilder einwandernder ›Horden‹, verzerren die Wahrheit bis zur Unkenntlichkeit, bedrohen Journalistinnen und Journalisten mit dem Tod. Die öffentlich-rechtlichen Sendeanstalten, die diese Echokammern durch objektive Nachrichten aufbrechen, werden entweder unter politischen Druck gesetzt oder – siehe Ungarn und Polen – von kritischen Geistern gesäubert.«

Man darf diesen Leuten keinen Millimeter nachgeben. Wo sie ihre Hass- und Angstpropaganda betreiben, muss man sofort und von Beginn an entschieden dagegenhalten. Wo sie in Regierungsämter einsickern oder an der Macht beteiligt werden, müssen sie von Tag eins an mit Widerstand gegen ihre Säuberungsaktionen konfrontiert werden. Und wo sie eine Gesellschaft unter Kontrolle gebracht und ihre Herrschaft der Niedertracht etabliert haben, muss man mit sehr viel Geduld und Hartnäckigkeit eine zivilgesellschaftliche Gegenmacht wieder aufbauen. Aber eines darf man nie: Die Gefahr unterschätzen.

»Die Ereignisse von 1938 bis 1945 hätten spätestens 1928 bekämpft werden müssen«, schrieb Erich Kästner, der populäre Autor 1958. »Später war es zu spät. Man darf nicht warten, bis der Freiheitskampf Landesverrat genannt wird. Man darf nicht warten, bis aus dem Schneeball eine Lawine geworden ist. Man muss den rollenden Schneeball zertreten. Die Lawine hält keiner mehr an! Sie ruht erst, wenn sie alles unter sich begraben hat. Das ist die Lehre, das ist das Fazit dessen, was uns 1933 widerfuhr. Das ist der Schluß, den wir aus unseren Erfahrungen ziehen müssen, und es ist der Schluß meiner Rede. Drohende Diktaturen lassen sich nur bekämpfen, ehe sie die Macht übernommen haben. Es ist eine Angelegenheit des Terminkalenders. Nicht des Heroismus.«

5
»ICH BIN EURE STIMME ...«

Was die radikale Rechte
stark macht I

»Manchmal kriecht die Geschichte jahrzehnte-
lang vor sich hin. Wahlen werden gewonnen
und verloren, Gesetze verabschiedet und kas-
siert, neue Stars geboren und alte Legenden
zu Grabe getragen. Und während alles seinen
gewohnten Lauf geht, verändern sich die Leit-
gestirne von Kultur, Gesellschaft und Politik
kaum«, schrieb der deutsch-polnisch-amerika-
nische Politikwissenschaftler Yascha Mounk in
seinem Buch »Der Zerfall der Demokratie«, nur
um dann das große Aber hinzuzufügen. »Dann,
ganz plötzlich, verändert sich innerhalb weniger Jahre alles auf einmal. Politische Neulinge
stürmen die Bühne. Wähler erheben radikale
Forderungen, die bis vor Kurzem undenkbar
waren. Soziale Spannungen, die lange unter der

Oberfläche vor sich hin brodelten, verschaffen sich in gewaltigen Explosionen Luft. Ein Regierungssystem, das lange unerschütterlich schien, gerät ins Wanken. In einem solchen Moment befinden wir uns gerade.«

Trump, Orbán, Kurz, Strache, Salvini in Italien, Blocher in der Schweiz, Brexit-Votum und Schwedendemokraten – eine endlose Liste ließe sich anlegen. Wir können Erdoğans Volksislamismus hinzufügen und Putins Wahlautokratie oder auch den irren Massenmörder, den die Philippiner an ihre Staatsspitze gewählt haben, genauso wie den Faschismusfan, der in Brasilien gewann. In den entwickelten Demokratien rebellieren die Bevölkerungen gegen das etablierte Parteiensystem, aber das führt nicht zu mehr Demokratie, denn das Volk läuft autoritären Rattenfängern nach; manche Länder sind bereits gekippt, in anderen bildet die Rechte einen radikalen Rand, wie etwa die AfD in Deutschland, die mit ihren Themen, ihrer Schrillheit und ihrer Lautstärke die Mehrheit terrorisiert; oftmals votieren die Bevölkerungen für Abschottung und dafür, dass Grenzbalken nach unten gehen; und global hat sich der Trend zu mehr Demokratisierung umgekehrt – die Autoritären fühlen den Wind im Rücken.

Nicht überall hat das die gleichen Ursachen. Oft noch nicht einmal vergleichbare. Aber Ähnlichkeiten gibt es doch, von denen ein paar für alle, ein paar für einige der beschriebenen Fälle zutreffen. Die Diagnosen, die im Angebot sind, werden von Jahr zu Jahr mehr, und wie immer streiten die Analytiker bis aufs Messer, welche Diagnose denn nun die richtige ist, wobei ja auch durchaus alle Diagnosen gleichzeitig richtig sein können – schließlich ist die Wirklichkeit immer eine Kombination von verschiedenen Faktoren. Aber oft werden uns die Analysen von Politik- oder Sozialwissenschaftlern oder von Publizisten vorgetragen, die einen gewissen Hang zu monokausalen Erklärungsmustern haben, schon allein aus Gründen des Selbstmarketing – jeder muss schließlich behaupten, die eine, richtige Erklärung gefunden zu haben und dass diese die einzige richtige Erklärung ist. Gelegentlich mischt sie sich auch mit milieutypischer Besserwisserei. Diese Marktlogik der Politdiskurse muss uns hier nicht sonderlich bekümmern, es nützt aber, im Hinterkopf zu behalten, welche

unausgesprochenen Motive beim Hin- und Her-
argumentieren oft auch im Spiel sind.

Da ist zunächst einmal ganz allgemein der Verdruss über das System Politik, die diagnostizier-
te Selbstabkoppelung der politischen Eliten, der
Vertrauensverlust, den etablierte Parteiensyste-
me hinnehmen müssen. Schon vor dreißig Jahren schrieb der französische Starsoziologe Pierre
Bourdieu: »Wir werden von Politik überflutet.
Wir schwimmen im unentwegten und wechsel-
haften Strom des täglichen Geschwätzes über die
vergleichbaren Chancen und Verdienste von aus-
tauschbaren Kandidaten. (…) Die Äußerungen
zur Politik sind, wie das leere Gerede über gu-
tes oder schlechtes Wetter, im Grunde flüchtig.«
Bourdieu beschrieb mit viel Gespür für Details,
wie sich in modernen Gemeinwesen ein »politi-
sches Feld« mit seinen eigenen Spielregeln etabliert, mit seinen »Experten« und »Professionellen«.
Wie das System zur Selbstabkapselung tendiert
und Organisationen, die einstmals Verfechter
von Ideen oder Interessen waren, allmählich ein
spezifisches Interesse entwickeln: die Existenz-
sicherung der Organisation selbst. Er beschreibt
die innere Logik von Apparaten und deren Selbst-

reproduktion: »Die moralische Entrüstung vermag nicht nachzuvollziehen, wie gerade die im Apparat reüssieren können, die – entsprechend charismatischer Auffassung – die Dümmsten, Gewöhnlichsten sind, denen jeder eigene Wert fehlt. Tatsächlich reüssieren sie nicht, weil sie die Gewöhnlichsten sind, sondern weil sie nichts außerhalb des Apparats besitzen, nichts, das ihnen erlauben würde, sich ihm gegenüber Freiheiten herauszunehmen. (…) Die Apparate verwenden, küren sichere Leute.« Bourdieu reiht kluge Beobachtungen über die Charaktereigenschaften des Apparatschiks an Betrachtungen über die Rolle des politischen Journalismus bei der Etablierung einer Geschwätzigkeitskultur. Überall bestehen »Regeln des Spiels«, die jenen aufgezwungen werden, die in das Feld eintreten. Anschläge auf die Spielregeln werden sanktioniert, es ist ein Prozess ständiger Gleichschaltung.

Dieser ganz allgemeine Vertrauensverlust in die etablierte Politik wird verschärft durch die tiefe Krise der wesentlichen Parteien der demokratischen Linken, der Sozialdemokraten in Westeuropa etwa, aber auch anderer Linksparteien oder bisher hegemonialer progressiver Parteien, von den US-Demokraten bis zur brasilianischen linken Arbeiterpartei. Diese haben sich einfach zu weit von ihrer bisherigen Wählerbasis entfernt, so die Diagnose. Sowohl sozial, etwa was die Lebensumstände und Mentalitäten ihrer Spitzenkader betrifft, als auch politisch – sie haben sich einfach mit den Postulaten des neoliberalen Wettbewerbskapitalismus viel zu krass arrangiert, um als Vertreter und Anwälte der einfachen Leute noch glaubwürdig zu sein. Außerdem seien sie feig, mut- und antriebslos. Innerlich sklerotisch. Wer dann in unterprivilegierten Vierteln lebt, wo die Infrastruktur verfällt, wer schlechte Jobs und wenig Lebenschancen hat, für den sind die etablierten Mitte-Links-Parteien doch einfach kein Angebot mehr, lautet der Vorwurf. Diese Wählersegmente sind dann für die rechtspopulistische Propaganda ein gefundenes Fressen.

Es gibt genug empirische Befunde, die jedenfalls die Deutung stützen, dass sich Unterprivilegierte, die Angehörigen der früheren Arbeiterklasse, der sogenannten Unterschichten und unteren Mittelschichten politisch nicht wahrgenommen fühlen. So haben Forscher vom Berliner »Progressiven Zentrum« eine Studie veröffentlicht, die für einiges Aufsehen gesorgt hat. Sie haben an fünftausend Wohnungstüren geklopft, und zwar vor allem in jenen Vierteln, in denen der Verdruss über die etablierte Politik besonders hoch und der Anteil von AfD-Wählern entsprechend ist. Fünfhundert Leute konnten sie in längere Gespräche verwickeln. Nicht wenige waren sogar froh, einmal so richtig reden zu können – denn so oft kommt es ja nicht vor, dass sich jemand für sie interessiert. Die Ergebnisse der Studie sind sehr aufschlussreich. Das Resümee der Forscher, kurz zusammen gefasst: Auch wenn in den öffentlichen Metadiskursen Themen wie »Migration«, »Ausländer«, »der Islam« überwiegen, sind diese Thematiken den Leuten letztendlich eher unwichtig. Die Studie stellt auch fest, dass zentrale Narrative der Populisten weitaus weniger stark verfangen als angenommen. »Wenn die Leute politische Zusammenhänge mit eigenen Worten schildern, spielen Islamisierung, Europaskepsis, pauschale Medienkritik oder die Betonung der nationalen Identität kaum eine Rolle.« Im Gegenteil: »Zum Beispiel wird Europa mehr als Teil der Lösung denn als Problem gesehen.«

Die Befragten beklagen den Verlust von sozialen Netzwerken in ihrer Lebenswelt, dass sich die Politik aus den Vierteln zurückgezogen hat, dass sie das Gefühl haben, dass sich niemand mehr für sie interessiert. »Viele Befragte glauben, dass sozial und geografisch Gesellschaftsräume entstanden sind, aus denen sich die Politik zurückgezogen hat«, heißt es in der Studie: »Es herrscht ein Gefühl des Verlassenseins.« Die Metathematiken zahlen allenfalls in diese Deutung ein, und zwar in Form folgender Assoziationskette: Während sich für uns überhaupt niemand interessiert, wird Migrantinnen und Migranten sofort geholfen. Aber sobald man ein wenig an der Oberfläche kratzt, wird klar: Nicht dass Migranten geholfen wird, regt die Leute primär auf, sondern dass sie das Gefühl haben, dass ihnen nicht einmal jemand zuhört. Dass sich für sie niemand interessiert. Dass da niemand ist, der in der Nähe wäre, erreichbar wäre. Das ist der Kern einer politisch-emotionalen Konstellation, die letztlich in aggressive Wut auf jede Form demokratischer oder sagen wir: gewohnter Politik umschlägt. Ein psycho-politischer Gefühlscocktail.

Eine scheinbar damit verbundene, aber letztendlich diametral andere Deutung ist jene, die nach dem Wahlsieg von Donald Trump modisch geworden ist: die Behauptung nämlich, die linke »Identitätspolitik« sei daran schuld, dass sich die Unterprivilegierten, vor allem aber die weiße männliche Arbeiterklasse in die Arme des rechten Populismus geworfen habe.

Den Startschuss gab damals der amerikanische Intellektuelle Mark Lilla. Er sprach von der Identitätspolitik der Linken, womit gemeint war, dass die Kampagnen der Linken in den letzten Jahrzehnten weniger über Ungerechtigkeit, Armut und Arbeiterrechte geführt wurden als über Identitätsfragen. Über Fragen der Geschlechteridentität, der sexuellen Identität, der ethnischen Identität und so weiter. Frauen kämpften für ihre Rechte qua ihrer weiblichen Identität, Schwule und Lesben für Anerkennung und Respekt, ethnische Gruppen gegen ihre spezifische Benachteiligung. Alles berechtigte Kämpfe, aber sie hätten, so Lilla, die Eigenart, die Gesellschaft in Subgruppen zu zerreißen, die dann nicht mehr miteinander für gemeinsame Anliegen kämpfen. Und zweitens gebe es das Problem, dass alle diese Kämpfe als Kämpfe von Minderheiten erscheinen, die sich als benachteiligt, ja sogar als Opfer ansehen – während andere Gruppen diesen Identitätsdiskurs nicht führen können, etwa weiße Männer aus der Arbeiterklasse. Die sind zwar auch benachteiligt, haben aber heute kein Identitätskonstrukt zur Hand. Und mangels dessen rennen sie den Rassisten nach. All das formulierte Lilla in einem langen Aufsatz in der *New York Times* mit dem Titel: »The End of Identity Liberalism« – frei übersetzt: »Das Ende der Identitäts-Linken.« Kurzzusammenfassung: Die auf Differenz fixierte Kulturlinke habe überall den Ton auf die Heterogenität gelegt. Schwarze, Hispanics, Schwule, Lesben, Transen, jede unterdrückte Minorität sollte sich im Sinne der Identitätspolitik befreien. Dabei hatte man die Gefahr übersehen, dass irgendwann auch weiße Dumpfbacken mit der Identitätspolitik anfangen – und das Ergebnis ist der rechte Populismus. Natürlich hat eine solche Argumentation einen gewissen Hautgout. Man kann sie nämlich so verstehen, und bei vielen, die sie vortragen, soll sie auch so verstanden werden, dass man die lächerlichen Kämpfe für Schwule, Lesben, den Feminismus, gegen sexuelle Übergriffigkeiten hintanstellen soll und wieder mehr klassisch den materiellen Fortschritt der Arbeiterklasse herbeikämpfen soll. Auch der frühere deutsche SPD-Chef und Vizekanzler Sigmar Gabriel hat die unterkomplexe These aufgestellt, dass die Sozialdemokratien zu »postmodern« geworden seien, also sich zu viel um Feminismus und Schwulenrechte gekümmert haben und zu wenig um den ausgebeuteten Postdienst-Zusteller, die Verkäuferin oder den Kohlegrubenarbeiter. Warum muss man das denn gegeneinander ausspielen, fragten mit Recht Feministinnen wie Laurie Penny. »Das sind doch Kämpfe, die wir entweder gemeinsam gewinnen oder nicht gewinnen.«

Auf den ersten Blick scheinen sich diese beiden Deutungsmuster diametral zu widersprechen. Die These von den »politisch Vergessenen« legt nahe, dass verschiedene unterprivilegierte Gruppen Abstiegserfahrungen machen oder begründete Abstiegsängste haben: Ihre Reallöhne sinken, ihre Jobaussichten sind mager, die Mieten steigen, die öffentliche Infrastruktur in ihren Vierteln verfällt. Zugleich sind sie von keiner politischen Kraft repräsentiert, in der Hochglanz-Oberflächen-Welt der führenden Medien kommen sie genauso wenig vor wie in der Politik, die sich an einer ominösen Mitte orientiert. Was sie erleben, ist die zunehmende Härte der neuen sozialen Frage. Die zweite Deutung geht eher in eine andere Richtung: Die lebenskulturell konventionelle, ja sogar konservative weiße Arbeiterklasse und Mittelklasse hat niemanden mehr, der ihre sozialen Interessen vertritt, und zugleich wird ihr Lebensstil abgewertet, als vorgestrig, homophob, nicht multikulturell, nicht modern genug belächelt oder abgelehnt. Sie muss sich Häme gefallen lassen. Diese Arbeiterklasse hat durch den ökonomischen Strukturwandel und den Untergang der klassischen Arbeiterparteien nicht nur an Status, sondern auch an Respekt verloren, alle Ressourcen und Quellen ihres Stolzes haben sich in Luft aufgelöst und jetzt wird auch noch von den modernen, urbanen, kosmopolitischen Mittelschichten – »den Wohlhabenden und Wohlmeinenden« – auf sie heruntergeblickt. Die Kinder der Arbeiterklasse haben diese Milieus mit geistiger Enge und Konventionsdruck verlassen, sie sind die Kinder der kulturellen Freiheitsrevolutionen seit den sechziger Jahren, aber diese Kinder sehen auf ihre

Herkunftsmilieus jetzt mit Verachtung herab. Diese Arbeiterklasse ist jetzt unbehaust und ohne alle intellektuelle Fürsprecher.

Die beiden Diagnosen müssen einander freilich nicht diametral widersprechen. Es sei doch weder nötig noch überhaupt sinnvoll, »bei der Erklärung des autoritären Nationalradikalismus und seiner Erfolge soziale und kulturelle Faktoren gegeneinander auszuspielen«, meint Wilhelm Heitmeyer, der Doyen der deutschen Konfliktforschung. Ökonomische Veränderungen bringen beispielsweise Desintegrationsängste mit sich, so Heitmeyer, »die für einen Teil der Bevölkerung das Bedürfnis nach einem kollektiven kulturell-politischen Identitätsanker hervorbringen«.

Ohnehin ist das alles viel komplexer als ein einfaches Schema nahelegen würde. Denn es geht nicht allein um die krassen Dichotomien zwischen »absoluten Gewinnern« und »absoluten Verlierern«, sondern um viele unterschiedliche Milieus und Grauzonen der Gesellschaft. Die Gruppe derjenigen, die sich heute mehr oder weniger bewusst als die Vergessenen betrachten, ist keineswegs homogen. Da ist, erstens, die arbeitende Mittelschicht, deren Angehörige sich freilich – zumindest in unseren Breiten – selbst nie als »Arbeiterklasse« bezeichnen und die auch von Soziologen so nicht genannt würden (im Unterschied zu den USA übrigens, wo »working class« und »middle class« oft synonym gebraucht werden und es sehr viel selbstverständlicher ist, sich als Angehöriger der »working class« zu definieren). Büroangestellte, Handwerker, Arbeiter, die noch ein ordentliches Auskommen haben, die sich aber mit Recht durch die globalen ökonomischen Veränderungen bedroht fühlen. Ihre Löhne und Gehälter stagnieren seit Jahren, und sie wissen, dass sie im Konkurrenzkampf heute leichter unter die Räder kommen können als noch vor zwei Jahrzehnten. Sie spüren, dass das Eis unter ihren Füßen dünner wird.

Diese Gruppen sind nicht ident mit denen, die unmittelbare Angst vor dem ökonomischen Absturz haben müssen, und auch nicht mit denen, die hart arbeiten, aber nur sehr geringe Einkommen erzielen – etwa das neue Dienstleistungsproletariat (die Verkäuferin beim Bäcker, der Paketbote und so weiter). Schon gar nicht sind sie ident mit denen, die überhaupt keine Jobs mehr finden, weil sie zu schlecht qualifiziert sind.

Und sie alle sind nicht ident mit »den Armen«, ganz im Gegenteil: Diese Bevölkerungsgruppen sind stolz darauf, dass sie ihre Familien mit ihrer Arbeit durchbringen, und jubeln nicht automatisch über Sozialprogramme, die den Armen helfen, wie etwa Mindestsicherung oder andere Sozialhilfemodelle. Die US-amerikanische Juristin Joan C. Williams hat die verschiedenen Bedrohungslagen und die daraus resultierenden politisch-emotionalen Reaktionsweisen der »weißen Arbeiterklasse« in ihrem Essay »What So Many People Don't Get About the U.S. Working Class« analysiert. Mutatis mutandis lässt sich ihre Karte der sozialen Lagen auch auf zumindest die meisten europäischen Länder übertragen. Für den Geringverdiener aus der Vorstadt, der vielleicht um seinen Job bangt, ist der Sozialhilfeempfänger aus dem Sozialbau nicht automatisch jemand, mit dem er sich solidarisiert. Schließlich, so der Verdacht, fehle es Letzterem doch an Arbeitsethos und dem nötigen Biss. Ja, schlimmer noch: Oft gibt es sogar die irrationale Angst, die Loser könnten auf das Viertel abfärben, dessen Prestige ruinieren, das »soziale Elend« könnte sich uf die Bewohner übertragen.

Dennoch gibt es einiges, das die Angehörigen dieser Milieus betrifft: Sie alle haben das Gefühl, dass sie politisch keine wirklichen Fürsprecher mehr haben. Sie alle haben das Gefühl, dass Globalisierung und europäische Integration für sie mehr Kosten als Nutzen generieren. Und sie haben damit auch weitgehend recht. In der ökonomischen Debatte ist heute umstritten, ob noch mehr Freihandel und noch mehr Deregulierung für die volkswirtschaftliche Entwicklung noch Vorteile bringen oder ob die Nachteile nicht längst überwiegen. Eines ist freilich nicht mehr umstritten: Selbst wenn es für »das Aggregat«, also eine Nation insgesamt, Vorteile bringen sollte, so sind diese ungerecht verteilt, weshalb es stets Gewinner und Verlierer gibt. Und diejenigen, die nicht zu den Gewinnern zählen, wissen nach fünfundzwanzig Jahren sehr genau, dass die Konkurrenz zunimmt, dass der soziale und materielle Stress steigt – und dass die Formeln in den Sonntagsreden der Globalisierungsbefürworter in ihren Ohren nur Gewäsch sind.

All diese Bevölkerungsgruppen spüren, dass die etablierten progressiven Parteien, diese Armani-

Linken, sich für sie in der Regel nicht mehr interessieren und dass deren Repräsentanten selbst Teil der globalen Oberklasse geworden sind. Und damit haben sie zumindest nicht gänzlich unrecht. Andersherum ausgedrückt: Unsere Gesellschaften sind immer noch in Klassen zerrissen, aber wir haben nicht einmal eine klare Vorstellung davon, wie diese fortdauernden Klassenrisse und die neuen sozialen Spaltungen aussehen.

Arbeiterklasse, das hieß immer auch: Der Mann war der Herr im Haus, die Höhe des Einkommens stellte einen Maßstab für Maskulinität dar, für intellektuelle Verzärteltheiten hatte man nicht wirklich etwas übrig. Seien wir nicht blauäugig: Auch in den heutigen »Arbeiterklassen«, bei den Arbeitern, in der arbeitenden Mittelschicht, in den unterschiedlichen Angestelltengruppen, im neuen Dienstleistungsproletariat, aber auch bei den ökonomisch völlig Abgehängten gibt es oft andere kulturelle Wertvorstellungen als in den progressiven Mittelschichten und in den Akademikermilieus in den Innenstädten. Mittlerweile ist aber noch ein Faktor dazugekommen: Die traditionellen Milieus haben das Gefühl, die Angehörigen der urbanen kosmopolitischen Gruppen blickten auf sie und ihren Lebensstil herab. Zur ökonomischen Verunsicherung kommt eine soziale Verunsicherung, der Status ist in doppelter Hinsicht bedroht. Die Schweizer Politikwissenschaftlerin Silja Häusermann hat das in einem Interview so formuliert:

»Es sind nicht die Armen, auch nicht die Prekarisierten, es ist der untere Mittelstand, der rechtsnational wählt. Diese Menschen verarmen nicht, aber sie sind verunsichert, haben Abstiegsängste. Sie erheben Anspruch auf einen Status, den sie nicht mehr haben – als Arbeitnehmer, als männliche Ernährer der Familie. Sie sind unzufrieden damit, wie sich die Welt entwickelt. Das ist sehr allgemein gefasst, aber irgendwie geht alles in eine Richtung, die ihnen nicht richtig scheint: bei den Frauen, bei den Jungen, am Arbeitsmarkt, im Bildungswesen …«

Kulturelle Milieus, die sich vor wenigen Jahren noch als konventionell – und damit als hegemonial – verstehen konnten (wobei sie das vermutlich nicht einmal bewusst taten, da es für sie ohnehin selbstverständlich war), haben plötzlich das Gefühl, sie würden nicht mehr respektiert. Und auch damit haben sie nicht völlig unrecht. Nie-

mand hat diese Prozesse so hart und schonungs-
los beschrieben wie Didier Eribon in »Rückkehr
nach Reims«. Seine Eltern waren Kommunisten,
er ging zum Studium nach Paris und muss sich
retrospektiv eingestehen, dass er »für das real
existierende Arbeitermilieu« in seinem »tiefsten
Inneren vor allem Ablehnung empfand«. Heute
wählt seine Familie den Front National. Nicht
weil sie rassistisch wurde (das war sie nämlich
schon immer), sondern weil sie sich kulturell abgewertet und in ihren ökonomischen Anliegen
von den vorhandenen Linksparteien nicht mehr
vertreten fühlt.

Und man soll auch auf eine Spaltung nicht
vergessen, die Teil der Oben-Unten-Spaltung
ist, aber über diese hinausgeht, und die sich, wie
generell das Auseinanderklaffen zwischen den
Klassen, verschärft: die Stadt-Land-Spaltung.
Die Gewinner der Globalisierung sitzen zunehmend in den Städten, und hier vor allem in den
Metropolen, und die Verlierer in den Kleinstäd-
ten, auf dem Land, in der Peripherie. Im »Rust
Belt«, wie das in den USA heißt. Die Jobs sind
rar und wer Elan hat, zieht weg. Wer bleibt, ist
frustriert. Das Volk ist hier auf dem absteigen-

den Ast, das Establishment in den Metropolen am aufsteigenden.

»Der Untergang der westlichen Mittelschicht ist das große schmutzige Geheimnis der Globalisierung«, sagt der französische Geograf Christophe Guilluy, Autor von Studien mit Titeln wie »Fractures françaises« oder »La France périphérique«. Und dieses Volk wird zur Plebs erklärt, abgestempelt: als »uninformiert, unaufgeklärt, irrational und im Grenzfall moralisch verwerflich« *(Der Spiegel).*

Diese gesellschaftlichen Milieus machen die Erfahrung, dass sie von den aus ihrer Sicht kulturell hegemonialen Gruppen nicht nur abgewertet, sondern auch als dumm belächelt werden. Rechtsradikale Politiker wie etwa Donald Trump können gerade das zu ihrer Stärke machen, indem sie sich als besonders dumm stilisieren – und dann sagen können: Seht her, sie belächeln mich so wie sie euch belächeln. Der deutsche Kulturtheoretiker Georg Seeßlen hat das in einem schmalen Büchlein »TRUMP! *Pop*ulismus als Politik« klug beschrieben. Was wir als Europäer nicht verstehen, ist, so Seeßlen, dass Trump seit Jahrzehnten ein Selbstbild der Simplizität kreiert hat, sich gewissermaßen zur populären Figur machte, die fest im Figurenfundus der Popkultur verankert ist. Kurz und überspitzt gesagt: Sie haben ihn nicht gewählt, obwohl er dumm ist – sondern weil er »dumm« ist. Soll heißen: Weil er ein einfach gestrickter Simpel ist, ist er jene Art des Volkshelden, der sich durch nichts angeleitet als durch Zorn und Hausverstand gegen die Eliten mit ihrem Intellektuellenwissen stellt. »Vernünftig sprechen« wird dann als terrorisierendes Gebot von Establishment und Elite angesehen, »gleich nach ›politisch korrekt‹ sein«, wie das Seeßlen formuliert. Schön sprechen, vernünftig argumentieren, klug abwägen, Fakten würdigen, erst nach Abwägung aller Umstände und möglicher Gesichtspunkte urteilen – all das, was bisher als politisch eigentlich neutrale Leitlinie klugen Handelns erschienen ist, wird aus solcher Perspektive zur Herrschaftstechnik der Eliten, der man sich entzieht, der man in die Parade fährt, indem man für das demonstrative Gegenteil stimmt.

Aber stimmt das überhaupt? Oder sind das alles nur krause Ideen, die sich irgendwelche Kulturarbeiter oder Proletkult-Fantasten anhand von Oberflächenphänomenen ausdenken? Diese »kulturalistischen« Deutungen provozieren jedenfalls auch Widerspruch. Die verbreitete Neigung, rechten Populismus und autoritären Nationalismus »als Beleg für eine fortschreitende ›Kulturalisierung der Politik‹ zu werten und daher auch immer nur als kulturelles Phänomen zu deuten«, diene nur dazu, seine ökonomischen Ursachen zu verschleiern, meint der Bremer Politikprofessor Philip Manow in seiner Studie »Die Politische Ökonomie des Populismus«. Zwar gerät an vielen Ecken der Welt das traditionelle Parteiensystem unter Druck, und sehr oft ist damit ein Aufstieg des rechten Autoritarismus verbunden, aber das habe erstens nicht immer dieselben Ursachen, und gelegentlich lässt sich auch ein Aufstieg neuer radikalerer Linksparteien beobachten, so Manow. Und das habe eben mit den unterschiedlichen ökonomischen Voraussetzungen zu tun. Ist die Arbeiterklasse eines Landes eher durch die ökonomische Globalisierung im Sinne von Güter- und Kapitalströmen und durch Wettbewerb bedroht, so geht der Protest oft in die linke Richtung, auch weil es sich häufig um ärmere Länder mit wenig ausgebautem Wohlfahrtsstaat handelt, die kein großer Magnet für Migration sind. In einer anderen Situation sind ökonomisch fortgeschrittene Länder mit hoher Produktivität. Sie sind Magnet für Zuzug, was in ökonomisch radikal liberalen Volkswirtschaften primär auf den Arbeitsmarkt wirkt und in Wohlfahrtsstaaten auf Arbeitsmärkte und das Sozialsystem. Globalisierung, Migration und Wohlfahrtsstaat scheinen schwerlich vereinbar, weil ökonomische Globalisierung Gewinner und Verlierer produziert, die Verlierer aber durch den Wohlfahrtsstaat kompensiert werden müssen, dieser Wohlfahrtsstaat jedoch »in einem Ausmaß Ziel von Zuzug werden (kann), das seine ökonomische Kompensationsfunktionen zunehmend infrage stellt«. Das sei, so Manow, die wesentliche Kraft, die der nationalistischen Rechten ihre Wähler zuführt, alle kulturalistischen Deutungen, so könnte man seine Interpretation zusammenfassen, würden nur irgendwelche Nebenaspekte feuilletonistisch übertreiben. Schließlich habe der große Soziologe Ralf Dahrendorf schon 1997 genau aus diesen Gründen gemeint: »Ein Jahrhundert des Autoritarismus ist keineswegs die unwahrscheinlichste Prognose für das 21. Jahrhundert.«

6

» ...UND ALLE ANDEREN SIND VOLKSVERRÄTER«

Was die radikale Rechte stark macht II

Was man so »die Zustände« nennt, sind immer latente Balancen von Konflikten, die sich zusammenbrauen. Deshalb sind historische Prozesse immer komplex, nie geradlinig und oft sogar bizarr und paradox. Das gilt auch für die autoritäre Welle. Eine besonders interessante Theorie hat in diesem Zusammenhang der deutsche Politologe Christian Welzel aufgestellt. Die Welle sei ein Symptom dafür, dass unsere Gesellschaften als Ganzes liberaler, toleranter und progressiver werden. Eine verrückte, paradoxe Diagnose, könnte man meinen. Aber der Forscher kann auf viele empirische Datenreihen verweisen, auf Umfragen und Tiefeninterviews, die sehr deutlich machen, dass die allermeisten Gesellschaften, seien das Österreich, Deutschland, Frankreich, die USA, aber sogar die Türkei oder Russland, heute sehr viel offener und liberaler sind als noch vor einigen Jahrzehnten. Jedenfalls, was die Einstellungen der Bürger und Bürgerinnen anlangt: die stehen Zuwanderung offener gegenüber, finden Multikulturalität gut, die Religiosität nimmt ab, Schwule und Lesben sind sehr viel akzeptierter, und ganz generell sind emanzipatorische Ideen und Normen weiter verbreitet. Die Todesstrafe wird von sehr viel mehr Menschen abgelehnt als noch vor ein, zwei Dekaden. Aber gerade deswegen, weil die emanzipatorischen Werte heute viel allgemeiner verbreitet sind, können sie als der »herrschende Mainstream« angesehen werden. Welzel spricht von zwei »moralischen Stämmen«, insbesondere in den westlichen Ländern. Die einen halten emanzipatorische Werte hoch, Gleichberechtigung, Toleranz, lebenskulturelles Laissez-faire, die anderen lehnen sie ab – eher konventionellere Milieus, eher die Alten als die Jungen. Welzel: »Gerade weil die Basis der Wertkonservativen schrumpft, gerade weil ihre Zahl sinkt, verschärft sich ihr soziales Profil, und sie sind für die Rechtspopulisten besser ansprechbar.«

Der Aufstieg der Reaktionäre wäre eben – buchstäblich, möchte man sagen – eine Reaktion auf beschleunigte Modernisierung, die viele Menschen nicht mitkommen lässt, die sie abschreckt, die ihnen das Gefühl gibt, mit ihren Wertvorstellungen auf verlorenem Posten zu stehen.

Zuletzt wurde auch noch ein weiterer Deutungsrahmen populär, der nämlich, dass die autoritären Versuchungen Reaktionen auf das Erlebnis von beziehungsweise die Furcht vor Kontrollverlust seien.

»I'm about to lose control and I think I like it«, singen die Pointer Sisters in »I'm So Excited«. Meist ist der Kontrollverlust freilich nichts, was euphorisch besungen wird. Neuerdings taugt er sogar zur Verächtlichmachung. »Wer eine Jogginghose trägt, hat die Kontrolle über sein Leben verloren«, sagte vor einiger Zeit der sonderliche Modezar Karl Lagerfeld, dem seinerseits von manchen Leuten höhnisch vorgehalten wird, die Kontrolle über sein Leben verloren zu haben. Erstaunlich jedenfalls, dass der – in diesem Fall individuelle, persönliche – Kontrollverlust Quelle sozialdarwinistischer Häme geworden ist. Aber was heißt das eigentlich: die Kontrolle über das eigene Leben zu verlieren? Beziehungweise: Was heißt es, die Kontrolle zu behalten?

Sich im Griff haben. Die Bälle, die man in der Luft hat, unter Kontrolle halten. Beim Drift durch die Existenz nicht aus der Bahn geworfen werden. Schläge wegstecken, ohne sich gehen zu lassen. Die Überforderung, die alle spüren, meistern, ohne einzuknicken. Fassade wahren vielleicht auch. So Zeug halt. Kontrollverlust ist dann der gefühlte Eindruck, dass alles heute schwieriger wird. Das Sprachbild vom Kontrollverlust geistert ja durch viele Debatten. Im neoliberalen Kapitalismus, in dem stets alles auf Messers Schneide steht, in dem man nie langfristig auf etwas bauen kann, empfinden viele Menschen Kontrollverlust.

In den Hochtagen des Flüchtlingssommers, als Tausende einfach so über Grenzen marschierten, haben viele Menschen, so wird jedenfalls behauptet, vor allem die Bilder vom »Kontrollverlust« als verstörend erlebt.

Und die Brexit-Befürworter in Großbritannien gewannen ihre Kampagne mit der Parole, es gelte, »die Kontrolle zurückzugewinnen«. Soll heißen: Statt Spielball supranationaler Kräfte und undurchschaubarer Institutionengeflechte zu sein, soll wieder nationalstaatliche Kontrolle zurückgewonnen werden.

Die Globalisierung, die ja mit der täglichen Beteuerung politischer Eliten verbunden ist, Kapitalströme, Konzerne, Finanzinstitutionen kaum mehr steuern zu können, unterstützt seit mehreren Jahrzehnten schon das untergründige Kontrollverlustgefühl, und der Beinahe-Kollaps des globalen Kapitalismus im Zuge der Finanzmarktkatastrophe des Jahres 2008 ließ dieses Gefühl manifest werden: dass alles mit einem großen Knall in die Luft fliegen kann, die Eliten eigentlich keinen Plan haben und wir morgen schon in den rauchenden Ruinen sitzen könnten.

Die Geschichte der Menschen ist auch eine Geschichte des Versuchs, die Risiken zu kontrollieren. Ganze Wirtschaftszweige verdanken ihre Existenz dem Bedürfnis nach Sicherheit – allen voran die Versicherungswirtschaft. Die ideologischen Hohelieder auf Risiko, Beweglichkeit und Wagemut dürfen da nicht täuschen. Radikale Unsicherheit lähmt, erst relative Kontrolle erlaubt, kalkulierbare Wagnisse einzugehen.

Eine zunehmend unkontrollierbare Lebenswelt? Viele Menschen erleben das jedenfalls so. Der Bruder des gefühlten Kontrollverlustes ist der Kontrollwahn. Kontrollwahn kann obsessiv und pathologisch sein, in jedem Fall ist es eine Form, mit Risiken umzugehen. Natürlich stellt sich, recht besehen, die Frage, was das überhaupt sein soll: »Kontrolle«. Totale Kontrolle haben wir nie – haben wir nur relative, können wir uns schon glücklich schätzen. Selbst wer in scheinbar stabilem Wohlstand lebt, der hat das Wissen darüber (ein Wissen, das wir natürlich gerne verdrängen), dass das Unwägbare jederzeit in die Stabilität einbrechen kann. Trennung, Krankheit, Arbeitsunfähigkeit, Feuersbrunst, ein Autounfall, irgendetwas, was uns aus der Bahn wirft.

Welche dieser Deutungen ist nun richtig? Man könnte sagen: alle irgendwie. Denn es ist empfehlenswert, diese Interpretationsangebote nicht als alternative Bilder anzusehen, die einander ausschließen, sondern als Bündel von Motiven, das den Gauklern, den Demagogen und den Starke-Männer-Darstellern, den Mauerbauern und den Gute-Alte-Zeit-Märchenonkeln in die Hände spielt. Es gibt eben all das zugleich: den

Verdruss über die etablierte Politik, die sich abgekoppelt hat, das Gefühl der unteren Schichten und der unteren Mittelschichten, gar nicht mehr vorzukommen, das Erlebnis, ökonomisch verwundbarer zu werden, kombiniert mit der Frustration, kulturell auch gleich abgewertet zu sein, das schwer zu fassende Empfinden, dass die Welt rundherum sich dramatisch ändert, ohne dass darüber noch irgendjemand die Kontrolle hat, ergänzt durch die Erfahrung, durch Migration einer weiteren Konkurrenz um ohnehin knappe Güter wie Jobs, Wohnraum, Bildungschancen für die eigenen Kinder et cetera ausgesetzt zu sein. Dazu das Auseinanderklaffen von Lebenschancen durch die Spaltung Stadt-Land, oder eigentlich: Metropolen und der Rest. Hinzu kommt die Abwertung klassischer Männlichkeitsbilder, was Männer besonders anfällig für autoritäre Versuchungen macht. Manche erleben den Staat als zu schwach, um noch schützen zu können, andere als zu stark und gefräßig, die einen erleben die Politik als klientelistisch, die anderen als zunehmend unfähig, ihre Klientel zu befriedigen. Und gesteigert wird all das durch die Erregungsspirale, die die neuen Medien und sozialen Netzwerke etabliert haben, die Angst-, Diffamierungs- und Hassindustrie, die die Menschen mit Horrormeldungen und Skandalschlagzeilen bombardiert, um Klicks zu generieren, diese Alchemie der Gegenwart, die es vermag, Hass in Gold zu verwandeln. Es ist nicht alles gleich. Aber alle diese Wege führen zu Trump, Kurz, Strache, Salvini und Co.

Nicht, dass aus den Bürgern und Bürgerinnen über Nacht Antidemokraten würden. Im Gegenteil. Es sind ja gerade die rechten Populisten, die, statt wie ihre Nazi-Vorgänger antidemokratische Parolen zu schwingen, eine wahre Demokratie versprechen, nämlich die, die dem »einfachen Volk« endlich wieder eine Stimme zurückgibt. Es ist unmöglich, den Aufstieg des rechten Populismus und Radikalismus zu verstehen, »ohne zu beachten, wie stark er sich in einen demokratischen Mantel hüllt« (Yascha Mounk).

Vielleicht ist das ja sogar seine perverse Form der Nützlichkeit: dass er jenen, die bisher stumm waren, eine Möglichkeit gibt, sich zu artikulieren.

Seine Behauptung, mit der er Mehrheiten umschmeichelt, ist: »Ich bin eure Stimme.«

Und: »Ich werde dieser Mehrheit wieder zu ihrem Recht verhelfen.« Hinzugefügt wird dann sofort: Alle anderen sind Verräter. Vom scheinbar demokratischen Anspruch des autoritären Nationalismus, nämlich dem bisher ignorierten Willen des Volkes in der politischen Arena zu repräsentieren, ist es eben nur ein kleiner Trippelschritt zu der Behauptung, dieser Volkswille sei von Etablierten, Verschwörern, Volksfeinden und anderen bisher kleingehalten worden. Gewaltenteilung, unabhängige Gerichte, die Verfassung mit ihren Grundrechten auch für Minderheiten und ihren Normen des Maßvollen – alles nur raffinierte Instrumente von Volksverrätern. Die Selbstproklamation der Autoritären, Stimme des Volkes zu sein, verlangt sofort danach, alle Gegner aus dem ominösen Volk auszuschließen. Scheinbare demokratische Rhetorik und antidemokratische Verschärfung gehen Hand in Hand wie Laurel und Hardy. Umstandslos wird alles angegriffen, was diesem ominösen Mehrheitswillen entgegensteht, von Minderheitenrechten bis öffentlich-rechtliche Rundfunkanstalten, die angeblich das Volk »umerziehen« wollen. Danach kommt das institutionelle Netzwerk von Checks and Balances an die Reihe, das dem Durchregieren entsprechend dem Volkeswillen entgegensteht, von den Verfassungsgerichten abwärts. All das wird dann auch noch flankiert durch eine Rhetorik, die die Verteidiger des liberalen Rechtsstaats zu Feinden des Volkes erklärt, was in Summe zu einer aggressiv-gereizten Aufheizung der öffentlichen Rede und Gegenrede führt. So wird Schritt für Schritt aus einer Konstellation, die noch innerhalb des Rahmens der liberal-demokratischen Ordnung heranwelkt, ein Setting, das genau diese Ordnung zerstört.

Aus Menschen, die nicht unbedingt Antidemokraten sein müssen, werden dann Totengräber der Demokratie.

7
WARUM WIR SO NICHT
REGIERT WERDEN WOLLEN

Den »Fleißigen und Anständigen« (Strache),
einer Gruppe, in der sich der Krösus genauso
wie der kleine Mann, der Cocktail-Partylöwe
so wie die Villenbesitzerin wiederfinden soll,
wird Gerechtigkeit versprochen. Es sei schließlich neue Fairness, den »Durchschummlern« ihr
bequemes Leben in der »sozialen Hängematte«
endlich zu verleiden. »Familien, wo die Kinder
die Einzigen sind, die in der Früh aufstehen«
(Kurz), sollen Beine gemacht, den »Sozialbe-
trügern« und »Leistungsverweigerern« einge-
heizt werden, und wer das Gesäbel am Wohlfahrtsstaat kritisiert, wer ernst nimmt, was die
Unverantwortungsträger in ihr eigenes Regie-
rungsprogramm geschrieben haben, der ver-
breite »Gräuelpropaganda«. Ist ja auch nichts
anderes zu erwarten von der Opposition, etwa
von den Sozialdemokraten, bekanntermaßen

»die Islampartei und die Partei der Arbeitsver-
weigerer« (Strache).

Hilfsorganisationen betreiben »NGO-Wahnsinn«, dessen »Partner die Schlepper sind« (Sebastian Kurz), ein Irrsinn, der beendet werden
müsse, genauso wie der »Asyltourismus«, denn
so eine Flucht ist ja, hat man einmal Bombenha-
gel und Schlauchbootfahrt überlebt, die reinste
Urlaubsreise, bei der sich heitere Pauschalasylan-
ten jene Destinationen aussuchen, in denen die
Brathähnchen bodennah fliegen und die Trauben
niedrig hängen. Junge Asylwerber sollen doch
besser interniert werden, das diene schließlich
auch »ihrem Schutz«, so ein Landesrat aus Niederösterreich, man wisse ja nie, auf welch krimi-
nelle Ideen die hiesige Bevölkerung komme (besonders, wenn man alles dazu tut, sie auf Ideen zu
bringen). Kirchen, Volkshilfe, Diakonie, Caritas,
von weniger besinnlichen Nichtregierungsorgani-
sationen wollen wir gar nicht sprechen, betreiben
ein Elendsmarketing, schließlich ist das ja »das
Geschäftsmodell« der verschlagenen »Hypermo-
ralisten«. Die betreiben nichts als »Asylbusiness«
oder sind – auch eine beliebte Formel – in der
»Asylindustrie«, jedenfalls sind sie reinste Kön-

ner des »Klingelbeutellobbyismus«. Und wer das jetzt anders sieht als die Fake-News-Schleudern in den Regierungsämtern und ihren angeschlossenen Pseudomedien und Blödmaschinen, oder die regierungsergebenen Kommentatoren, die folgsam apportieren, sobald ihnen der Kanzler ein Hölzchen hinwirft, der betreibt natürlich verwerflichen »Belehrjournalismus« oder »Haltungsjournalismus«. Zu diesen Belehrjournalisten zählt schon, wer es wagt, eine abweichende Meinung, relativierende Fakten und bedenkenswerte Gesichtspunkte vorzubringen oder auch nur unabgesprochene Fragen zu stellen. »Klassische Medien« seien »System-Establishment«, diese Formulierung findet sich schon in der geheimen Sprachregelung von Sebastian Kurz' Kampagnenplanung von 2016.

Dass gerade jene »Medien«, die nur zu geringem Anteil aus Fakten oder auch nur belastbaren Gedanken, dafür aber zu einem überwiegenden Teil aus »Haltung« bestehen – denn schließlich ist auch eine verkommene Haltung und die Lumpenmoral eine »Haltung« –, die Partei- und Tendenzmedien der Ultrarechten nämlich, irgendeinen »Mainstream« herbeifantasieren, der ihnen Haltungen aufzwingen möchte, gehört zur beinahe schon amüsantesten Seite der Angelegenheit. Das ist so lachhaft wie jene Kommentatorin des strammst regierungstreuen Kampagnenblatts, die es schaffte, zu belehren, dass Journalismus niemals belehren dürfe, und das im hohen Kanzleipredigerton, der einem Oberstudienrat des 19. Jahrhunderts gut zu Gesicht gestanden hätte.

Wer sich herausnimmt, jenseits des Grenzgebiets besorgte Fragen über den Zustand daheim zu beantworten, der macht sich des »Niedermachens des eigenen Landes« schuldig, denn schließlich würde so jemand die Regierung »im Ausland deftig anpatzen« (Kanzleramts-Kommunikationschef Gerald Fleischmann). Was freilich, so wird eingeräumt, kritikwürdig, aber nicht per se illegitim ist, oder, vereinfacht gesagt: noch nicht verboten. Das Wörtchen »leider« hören wahrscheinlich nur Paranoiker mit. Dass alle bisher in diesem Schlusskapitel verwendeten Zitate und Begriffe von Regierungspolitikern und hohen Spitzenbeamten der Kurz-Strache-Koalition stammen, und zwar nicht von Randständigen aus der zweiten Reihe, sei nur zum klareren Verständnis hinzugefügt, für den Fall, dass die

Leserschaft es nicht für möglich hielte. Wer's nicht glaubt, soll googeln.

Wer sich unbedacht darauf verlassen haben mag, dass es auf der einen Seite Demokratien gibt, mit ihrer Gemessenheit der Diskurse, der Stabilität ihrer Institutionen, der Pluralität von Lebensstilen und politischen Weltanschauungen, und auf der anderen Seite finstere Diktaturen mit ihren starken Männern, Putschisten und Polizeistaaten, den beschleicht langsam die Ahnung, dass es auch die Grauzonen gibt, von denen die Altvorderen noch wussten: die Demokratien, die scheitern. Die Freiheit, die verloren geht. Der Fortschritt, der den Rückwärtsgang einlegt. Die politischen Kulturen im Übergang, in denen Wahlen nicht abgeschafft sind, sondern wo gerade Wahlen die Legitimation für den Antipluralismus liefern. Wo die Verächtlichmachung der Opposition der erste Schritt zur Tyrannei der Mehrheit ist und die wiederum der gefährliche Schritt zur Untergrabung des demokratischen Institutionengefüges.

Der amerikanische Geschichtsprofessor und Bestsellerautor Timothy Snyder hat in seinem Büchlein »Über Tyrannei« zwanzig Lektionen für den Widerstand formuliert. Der Sozialexperte der Diakonie in Wien, Martin Schenk, fasst es so formidabel zusammen, dass ihm hier etwas Platz eingeräumt sei:

Der autoritäre Pfad ist ein Lernprogramm aus Ungarn, Polen und auch anderswo. Der erste Schritt besteht darin, gegen Minderheiten zu mobilisieren. Das können Flüchtlinge sein, oder Roma, jedenfalls Gruppen, die sich gut dazu eignen, zu den »Anderen« gemacht zu werden. »Othering« nennt diesen Vorgang die Forschung. Das Böse kommt von außen, das ist die Grundfigur.

In Schritt zwei werden Armutsbetroffene schikaniert. Obdachlose in Budapest, Mindestsicherungsbezieher hier, Arbeitslose dort. (…)

Schritt drei auf dem autoritären Pfad heißt Demonstrationsrecht einschränken und Höchstgerichte aushebeln. Das kennen wir aus Polen, aber auch aus Spanien nach den Protesten gegen Sozialeinschnitte infolge der Finanzkrise.

Der nächste Schritt, Nummer vier, nimmt die NGOs und die Zivilgesellschaft ins Visier und versucht sie zu denunzieren und zu schwächen. (…)

Im fünften Schritt werden dann kritische Journalisten unter Druck gesetzt. »Jeder Schritt war so winzig, so belanglos, so plausibel gerechtfertigt, dass auf täglicher Basis niemand verstand, was das Ganze im Prinzip bedeuten sollte und wohin all diese, ›winzigen Maßnahmen‹ eines Tages führen würden.« Das schrieb Milton Mayer in seiner Studie über Erfahrungen von Leuten der 1930er-Jahre in Deutschland. Und weiter: »Auf täglicher Basis verstand es keiner, genau so wenig wie ein Bauer in seinem Feld sein Getreide von einem Tag auf den nächsten wachsen sieht. Jede Handlung ist aber schlimmer als die letzte, doch nur ein wenig schlimmer.« (…)

Leistet keinen vorauseilenden Gehorsam. Verteidigt Institutionen. Recherchiert. Lernt von Leuten aus anderen Ländern. Und redet miteinander, viel. Das sind einige der zwanzig Grundsätze, die Timothy Snyder in seinem Büchlein Über Tyrannei anführt. (…)

Orbán betreibt einen sichtbaren Kampf gegen das europäische »Ausland«, gegen bedrohliche »innere Feinde« und gegen die kritischen Teile der Zivilgesellschaft. Kritisierte man Orbán dafür, würde er sich sofort zum Opfer »ausländischer Kreise« und »innerer Vaterlandsverräter« machen. So funktioniert der Opferkult der Mächtigen. Es ist ein Merk-

mal autoritärer Persönlichkeiten, dass sie Kritik als
Beleidigung werten. Beleidigt sein ist überhaupt
der liebste Seinszustand autoritärer Nationalstaa-
ten. Ob Orbán in Ungarn, Kaczyński in Polen,
Erdoğan in der Türkei: Kritik heißt immer »Be-
leidigung des Volkes«. Am autoritären Pfad trifft
sich der Opfernarzissmus mit dem Größenwahn.

Wer sich dagegenstemmt, der wird die seltsams-
ten Sachen zu hören bekommen. Versuchen wir
es kurz mit Sarkasmus. Da wird man dann gesagt bekommen: Man darf Faschisten natürlich
niemals als Faschisten bezeichnen und Feinde
der Demokratie nie als Feinde der Demokratie,
denn das könnte sie kränken, dann fühlen sie
sich als Opfer, und nichts lieben sie so sehr, wie
Opfer zu sein. Das war früher zwar anders, da
wollten sie lieber Helden sein, aber heute wollen sie Opfer sein, woran man schon sieht, dass
sich Geschichte nie exakt wiederholt. Aus der
Geschichte kann man auch lernen, dass man
nie Vergleiche aus der Geschichte bemühen
soll, denn das kränkt die Faschisten besonders,
was aber zugleich das Lernen aus der Geschichte
erschwert. Die Geschichte der dreißiger Jahre

lehrt auch, dass das Hauptproblem die böse Polarisierung ist, etwa die zwischen den Nazis und den Gegnern der Nazis. Hätte es diese fürchterliche Polarisierung nicht gegeben, hätten sich die Nazis nicht so gekränkt, und wahrscheinlich wären sie dann nicht so böse Nazis geworden, sondern irgendwie nettere. Das Hauptproblem war die Ausgrenzung der Nazis; hätte man ihnen rechtzeitig Ämter gegeben, in denen sie sich hätten nützlich machen können, wären sie nicht auf blöde Gedanken gekommen. Insofern waren in gewissem Sinne nicht die Nazis an den Nazis schuld, sondern die Gegner der Nazis. Auch das könnte man, wenn man wollte, aus der Geschichte lernen. Die Geschichte lehrt somit, dass man den Faschismus am besten bekämpft, indem man ganz lieb zu ihm ist und ihm am besten nicht widerspricht, denn das könnte ihn reizen und erst recht bestärken.

Sie lachen? Gut, dann versuchen wir es ohne Sarkasmus. Wer sich gegen all das stemmt, wird zu hören bekommen: Empört euch nicht. Denn die Empörung ist uncool. Er wird gesagt bekommen: Haltet doch Maß, auch wenn ihr nicht einverstanden sein mögt. Haltet die Mitte. Sie werden noch raten, die Mitte zwischen simplem Rassismus und Genozid zu halten oder zwischen Rechtsradikalismus und Faschismus, denn die Wahrheit, so ihr Pfaffengesäusel, liege doch immer in der Mitte, und an der Polarisierung sind immer zwei schuld, so ähnlich wie der Spießer meint, an einer Vergewaltigung seien die Vergewaltiger schuld, aber auch die Frauen, die kurze Röcke tragen. Jene, die protestiert, wird sich anhören müssen, sie repräsentiere die Vergangenheit, nicht die Zukunft. Beliebt auch die Phrase: Respektiert doch den Wählerwillen, als wäre Opposition gegen eine Regierung sowie der Versuch, den Wählerwillen zu verändern, nicht das Um und Auf der Demokratie. Wer opponiert, wird zu hören bekommen: Akzeptiert, dass ihr Geschlagene seid, akzeptiert, dass ihr verloren habt. Gebt klein bei. Opponiert nicht einmal. All das und noch viel mehr werden sie sagen.

Was darauf aber geantwortet werden sollte, ist: Empört euch. Gebt nicht klein bei. Leistet keinen vorauseilenden Gehorsam. Seid nicht feige, seid mutig. Haltet nie die Mitte, wenn die Mitte Richtung Rohheit rutscht. Verteidigt die demokratischen Institutionen, gebt dem Autoritarismus nicht auch noch aus freien Stücken Macht. Geht auch nicht in die Falle, den Hass mit Hass zu vergelten oder die Dummheit mit Dummheit. Auch ein Gegen-Populismus im Sinne einer Gegen-Demagogie ist keine Lösung, jedenfalls in diesem Fall. Denn die Unvernunft wird man nicht mit raffinierterer Unvernunft besiegen, und die Lüge wird man nicht mit besseren Lügen in Schach halten, sondern nur mit der Wahrheit. Die Dummheit wird nur mit Klugheit besiegt. Das Laute werden wir auch nicht überschreien, sondern nur mit der Stimme der Vernunft übertönen. Und die ist leise. Jedenfalls dröhnt sie nicht. Redet, kämpft, erhebt die Stimme, engagiert euch in Oppositionsparteien, in Widerstandszirkeln, schreibt, diskutiert.

Sagt, dass wir so nicht regiert werden wollen.

Weil noch nie ein Land verbessert wurde, indem es radikale Rechte und Autoritäre in die Regierung befördert hat.

Aber nicht nur die Herrschenden werden mit guten Ratschlägen zur Stelle sein, auch die Gewitzten, Ratlosen und Neunmalklugen werden mit ein paar Gescheitheiten daherkommen. Etwa dass man das Meinungsklima nun einmal zu nehmen habe, wie es ist. Dass daran leider nichts zu ändern sei und man deshalb mit taktischen Tricks und siebenmal um die Ecke gedachten Winkelzügen vorzugehen habe. Raffiniert müsse man sein und strategisch denken. Dass man, beispielsweise, die Regierung primär wegen ihrer Sozialpolitik gegenüber Inländern kritisieren müsse, sie auf diesem Feld als hartherzige Neoliberale und als Umfaller darstellen müsse, aber dass man alles zu vermeiden habe, was das »Ausländerthema« weiter im Gespräch hält. Also: Nur ja nicht die Regierung für ihre Ausländerpolitik kritisieren, nur ja nicht empören, denn diese Empörung hält jenes Thema im Gespräch, bei dem sie, dank ihrer Angstparolen und ihres Demagogietalents, immer die Nase vorn haben werden. Dieses Taktieren hat immer tausend scheinbar gute Argumente auf seiner Seite und das eine wichtige Hauptargument gegen sich, nämlich: dass sich der Taktierer so weiter ins Taktieren verstrickt, dass er beim Taktieren über die eigenen Beine stolpert und am Ende nur wie ein belämmerter Feigling dasteht, der nicht einmal wagt, zu seinen Werten zu stehen – im besten Fall. Im schlechteren steht er wie einer da, der überhaupt keine

Werte hat. Und in jedem Fall wird er an dem scheitern, was das Nötigste ist: Eine konsistente, in sich stimmige Alternative zur herrschenden Niedertracht zu formulieren und den Schwung, die Überzeugungskraft und die Glaubwürdigkeit zu mobilisieren, die nötig ist.

Die einen werden sagen, man müsse sich jetzt auf die Verteidigung der Demokratie konzentrieren.

Und auf die Verteidigung einer Kultur der Freiheit, der von Gängelung und Engstirnigkeit langsam die Luft abgeschnürt wird.

Wieder andere werden sagen: Man kann die Herrschaft der Niedertracht nur besiegen, wenn man die soziale Spaltung, die immer krasser werdende Klassenspaltung thematisiert.

Die Wahrheit ist: Man muss all das zugleich tun.

Haltet euch mit eurer Empörung nicht zurück. Aber seid nicht nur eine Stimme des Dagegen. Es gibt viele Gründe für Wut, doch die größte Macht bleibt die Hoffnung.

Wie der große Robert »Bobby« Kennedy sagte: »Wenige haben die Größe, den Lauf der Geschichte zu beeinflussen, aber jeder von uns kann daran arbeiten, einen kleinen Teil der Ereignisse zu ändern, und in der Summe all dieser Handlungen wird die Geschichte dieser Generation geschrieben werden. Jedes Mal, wenn ein Mensch für ein Ideal eintritt oder handelt, um das Los anderer zu verbessern oder gegen Ungerechtigkeit aufsteht, sendet er eine winzige Welle der Hoffnung aus, die sich wiederum mit vielen Millionen anderer Energien und Kühnheiten kreuzt, und zusammen bauen diese kleinen Wellen eine Woge auf, die die mächtigsten Mauern der Unterdrückung und des Widerstands hinwegspülen kann.«